CONSTRUIR

MUNDOS

M.ª Asunción Arroyo Herrera

Una conciencia abierta

europa
ediciones

© 2023 **Europa Ediciones** | Madrid
www.grupoeditorialeuropa.es

ISBN 9791220143509
I edición: Octubre de 2023
Depósito legal: M-28009-2023
Distribuidor para las librerías: **CAL Málaga S.L.**

Impreso para Italia por *Rotomail Italia S.p.A. -
Vignate (MI)*
Stampato in Italia presso *Rotomail Italia S.p.A. -
Vignate (MI)*

Una conciencia abierta

A un hombre que brilla con luz propia,
que me dio muy buenos consejos de humanidad.
Y en memoria de una persona
que pasó por este mundo en silencio.

A Carlos J. Olabarri
y
a Tomasa Herrera.

La conciencia es como el banco,
lo que depositas es lo que retiras.

Prólogo
La conciencia que habla

¿Qué es una conciencia?

«Conocimiento del bien y del mal que permite a la persona enjuiciar moralmente la realidad y los actos, especialmente los propios» o se define, en términos generales, como «el conocimiento que un ser tiene de sí mismo y de su entorno».

¿Qué diferencia hay entre conciencia y consciencia?

La consciencia es la capacidad del ser humano para percibir la realidad y reconocerse en ella, mientras que la conciencia es el conocimiento moral de lo que está bien y lo que está mal, en base al conocimiento de sí mismo y de su capacidad para actuar sobre su entorno.

Sorprendentemente, solemos hablarnos a nosotros mismos; suele ser algo más o menos habitual, o común, dependiendo de la situación en las que nos encontremos en ese momento, pero lo curioso es que, cuando alguien de nuestro entorno comenta que lo estás haciendo (lo de hablar solo), a eso lo llamarían que estás tarado, como una cabra, como un cencerro y, más insultante, esquizofrénico, vamos realmente loco, etc.

¿Pero es sano hablar solo? **Sí.**
¿Ayuda a desahogarse uno? **También.**
¿Mejora la memoria y la atención? **Inmejorablemente.**

En definitiva, mentalmente es, en cierto modo, estable.

Los soliloquios, o más audaces, los monólogos, que es lo que resume qué es la conciencia abierta, para que uno exprese su pensamiento o sus sentimientos, son uno de los procesos más antiguos y usados por las civilizaciones, cuyos beneficios son muy saludables siempre y cuando sepamos cómo hacerlo de la manera más correcta y nunca pasar de la línea de la locura o, como más comúnmente se dice, esquizofrenia paranoica, así lo explican los psicólogos.

«Cuando esas conversaciones con nosotros mismos son sanas», los beneficios se evidencian en la mejora de la capacidad de memorización, de atención, de toma de la realidad, llega a convertirse en una herramienta de motivación, entre otros.

Una de las recomendaciones que más se utiliza, cuando alguien acude a la consulta de un psicólogo, es lo que estos llaman «citas con uno mismo».

¿Es más frecuente ver a niños y personas mayores hablar solos en voz alta? En palabras de los psicólogos, «la frecuencia es la misma, sin embargo, la finalidad de estos soliloquios o monólogos es diferente según la edad y las circunstancias».

Durante la infancia, los niños experimentan con las palabras a modo de juego, como potenciadores del desarrollo cognitivo de los niños entre los 3 y 7 años de edad; es lo que se llama, vulgarmente, conciencia imaginativa. Por otro lado, en adultos y personas mayores, su utilización es una forma de proyectar «sus emociones a modo de pensamientos en voz alta».

Los psicólogos confirman que las personas jóvenes y que viven solas, al disponer de más tiempo en «soledad», llevan a cabo más conversaciones consigo mismas.

De hecho, en las personas mayores, como he dicho, puede ser más frecuente cuando un miembro de la pareja fallece, recreando conversaciones con el otro; esto no solo ocurre en personas fallecidas, sino también cuando se muere una mascota con la que se ha convivido muchos.

«Hablar solo no es signo de locura»

Cuando una persona habla sola, como ya he explicado, es criticado/a o parece que está mal de la azotea y está muy mal visto, por eso deberíamos cambiar esa forma de pensar y dejar de juzgar por ese motivo. Hoy en día, con los nuevos dispositivos de teléfono en forma de pinganillo, caminamos y hablamos; esto es hoy comunicación, pero hace unos años sería hablar como los locos. «Totalmente, hablar con uno mismo no es un síntoma o signo de locura». Todo lo contrario, dados los beneficios que tiene el hablar con la conciencia, es bueno lo que nos ha ido mostrando la literatura científica a lo largo de los años: normalizar la idea de hablar solo, principalmente cuando se escribe un libro. Si en un niño vemos normal que hable solo, ¿por qué no en un adulto?

Por otra parte, los psicólogos recuerdan que «en trastornos psicóticos como la esquizofrenia, son frecuentes en ellos los soliloquios provocados por las alucinaciones auditivas que puede llevar consigo a la locura extrema».

En estos casos, se considera una patología. Lo mismo ocurre cuando aparecen las denominadas risas inmotivadas a raíz de escuchar alucinaciones que puedan decirle algo que le genere la necesidad de reír. Sin embargo, no es correlativo que el hecho de que las personas que hablen solas se rían estando solas tenga que ser por algo patológico.

Beneficios de hablar solo para la mente

Uno de los principales beneficios de hablar solo es que ayuda a planificar. Cuando planificamos alguna tarea, necesariamente estamos teniendo una conversación con nosotros mismos esperando que no se nos quede nada en el tintero. Un ejemplo de esto puede ser cuando planificamos hacer la compra (elegir los productos, ver a por qué voy primero, etc.) o nos preparamos para un examen (organizar las asignaturas, planificar con cuál empiezo, etc.). Todo esto parte de una conversación constante con uno mismo y tiene grandes beneficios.

Estrategia para desahogarse

En ocasiones, verbalizar en alto hacia nosotros mismos nuestros pensamientos, emociones e inquietudes ayuda a esclarecer los acontecimientos, al desahogo emocional y, sobre todo, a «quitarnos un peso de encima». Verbalizar es gestionar y hablar con uno mismo y ayuda a externalizar aquello que necesitamos desahogar. Esta herramienta hay que dominarla, si no, no vas a poder disfrutar de todos los beneficios que conlleva hablar con uno mismo.

Mejora la memoria, como ya he dicho, y la atención. Cuando una persona habla consigo misma, lo primero que se nos viene a la cabeza es que se siente sola o necesita la compañía de otro para compartir sus pensamientos y emociones. Sin embargo, la realidad no es esa. Hablar no necesariamente tiene que estar relacionado con que en esa ecuación haya otra persona que recibe la información, la finalidad no es la misma. Cuando la conversación se enfoca conmigo mismo, lo que se está haciendo es activar ciertas zonas del cerebro que incentivan la memoria y la atención.

¿Cuándo puede llegar a ser perjudicial hablar con uno mismo?

Los psicólogos advierten de que «hablar con uno mismo tiene un límite» en donde, si lo atravesamos sin control (ya que se puede atravesar en segundos solo con un pensamiento negativo), puede volverse contraproducente para nosotros y es ahí donde todo cambia, es en ese momento en que las conversaciones con nosotros mismos son dañinas o están basadas en el reproche. De hecho, uno de los aspectos más importantes en el autocuidado es cuidar la manera en que nos hablamos. Cuando en esas conversaciones aparecen expresiones como «Mira qué soy tonto», o «Ya me he vuelto a equivocar», o «Todas las decisiones que tomo son equivocadas», o «Siempre hago todo mal», etc., es quizá una de las consecuencias más probables de que existe una baja autoestima.

Otra duda que puede surgir es si hablar solo continuamente podría afectar a la relación con los demás: «Todo depende desde el punto de vista de cómo se entienda que afecta, ya que, como he dicho anteriormente, son dos planos totalmente diferenciados y la finalidad en ambos casos no es la misma». Si partimos desde el orden de que hablar solo podría debilitar las habilidades de relación con los demás en un ámbito social, sí perjudica, pero esto no siempre sucede de esta manera así, al menos a simplemente vista.

Si partimos de esa base de que hablar solo es reflexionar ante todo y que nos ayuda a tomar decisiones, esto sí, en ocasiones, puede influir en la relación con los demás, porque nos estaremos en cierta forma aislando del mundo. En definitiva, una conversación con nosotros mismo, , esa conciencia que tenemos, como he explicado, no es mala, al contrario, nos beneficia porque nos hace más reflexivamente humanos, pero también, como digo, puede hacernos sentir aislados del mundo y pasar a la locura, porque reflexionamos solos.

Por naturaleza, no somos solitarios, sino más bien sociables, y he aquí en donde entra en juego el dilema de si estamos locos o no.

En definitiva, el soliloquio o los monólogos, hablar con la conciencia, no es malo, al contrario, como he dicho, tiene muchos beneficios, sobre todo a nivel humano y social, y es conjuntivamente sano, pero, como he dicho también, hay que saber en todo momento cómo hacerlo.

La conversación

Mi personaje es una mujer madura de mediana edad a la que la vida no la trató bien, pero siguió adelante. Después de una vida de duro trabajo, esfuerzo y sacrificio por los demás, ella se preguntó en un momento determinado de su vida tanto por la existencia de la propia vida como por el sufrimiento humano. A raíz de haber leído algunos libros sobre el budismo y su filosofía, sus ansias por entender cómo comprender esto la llevaron a la situación de encontrarse a sí misma frente a un personaje que ella recordaba de algún libro de la infancia, creando, de forma consciente con su conciencia, la imagen de una venerable mujer anciana que le pueda explicar las respuestas que, en el fondo de su yo interior, ella ya conoce.

Capítulo único

Una tarde al ocaso, sentada en un banco de un parque en lo alto de un cerro, donde se veía en el horizonte un cementerio.

Era un día de verano de calor extremo, el sol iba desapareciendo en ese horizonte y su aura se tornaba cada vez más anaranjada y roja mientras se ocultaba. En un determinado momento, cuando el sol se ocultó, el cielo estaba lleno de un color rojo sangre; era aterrador, pero muy hermosísimo, pues era único. Fue por unos minutos de verdadera magia, como si todo el cielo se hubiera caído a la Tierra. Es entonces cuando observó el cementerio y o pensó por un momento que los muertos iban a salir de su tumba, pero nada más lejos de su imaginación. Entonces fue cuando se le pasó por la cabeza una pregunta: «¿Quién soy yo para admirar tanta hermosura en el horizonte?». Se sintió confusa y escéptica, porque se estaba preguntándose eso y no venía al caso. Y entonces alguien la llamó.

CON: ¿Por qué me has llamado?

Mujer: ¿Que yo te he llamado?, ¿cuándo?

La mujer estaba absorta mirando el horizonte y no se dio cuenta de inmediato de la presencia de ella; más tarde sí.

CON: Cuando te has preguntado: «¿Quién soy yo para admirar tanta hermosura en el horizonte?». Una extraña pregunta.

Mujer: Bueno, es que no estoy segura de lo que siento. He hecho muchas cosas a lo largo de mi vida, cosas tanto malas como buenas, eso es lo que dicen, pero yo no me siento así, sino más bien harta de la vida, asqueada, cansada, dolorida, sin ilusión, etc. Vamos, hecha una mierda.

CON: Es porque no encuentras respuesta a ciertas preguntas sencillas que están dentro de ti.

La mujer se dio la vuelta, miró en silencio y vio a una mujer sentada a su lado, fuerte, con una larga melena entrenzada canosa, con ropa marrón oscura de pueblo viejo, mandil claro con remiendos por todos los lados, arrugas profundas, tenía un rostro agradable, era una vieja dulce. La mujer no se asustó en ningún momento, al contrario, su presencia le dio seguridad y ella respondió:

Mujer: Por cierto, ¿quién eres? No te conozco.

CON (la vieja): Esa que temes nombrar, porque no crees que exista.

La mujer se quedó pensando.

Mujer: Eres Dios… y mujer, y te presentas tal cual; creía que serías un hombre.

CON: Bueno, así es como me habéis creado, a vuestra imagen y semejanza, así que llámame como tú quieras.

Mujer: Llamarte dios o diosa es para mí un poco irracional, porque no lo veo lógico ya que no te conozco.

La mujer la miraba; parecía más su abuela del pueblo que la imagen que ella tenía de cómo era Dios.

CON: ¿Por qué crees eso? ¿Acaso no me consideras apta para hablar contigo y responder a tus preguntas?

Mujer: No, lo que pasa es que, a lo largo de mi vida, me he dado cuenta de que realmente no existes como yo creía, vamos, como me han dicho o contado, y ahora te presentas ante mí como mujer y eres una vieja, cuando tengo el conocimiento de que creo que eres mi conciencia.

CON: Tengo muchos nombres. Vosotros los humanos habéis creado un dios omnipotente a semejanza vuestra ya que os era más fácil explicar mi existencia por una cuestión de supervivencia y miedo a la muerte o a lo que hay más allá, en el otro lado, pero no soy varón.
Mujer: Si quieres que te crea, dime cómo eres.

CON: No existo como tal dios, creadora del universo, pero soy una conciencia real que está dentro de cada vida; soy un 25 % de pura química, un 25 % de pura matemática, un 25 % de azar y un 25 % de libre albedrío; soy puro sentimiento, puro pensamiento, soy pura alma, soy la energía más pura que mueve el universo; yo soy tú y tú eres yo; soy toda la energía en el universo que ya conoces, porque esa energía está en tu conciencia y tú te reencarnas según tus atributos y lo que hayas hecho con tu vida, pues el alma o el espíritu es parte única de esa energía. Cuando mueras, no habrá una regla para la reencarnación más que lo que tú hayas cosechado como vivido. En definitiva, yo o tú eres dios, tu conciencia, y de dónde vengo no lo sé y a dónde voy, a todas partes. Soy o somos o sois un feto embrionario en crecimiento hasta nacer y morir, y cuando ese momento llegue, solo seremos, seréis pura energía, más allá del universo. Y sí, has acertado, soy tu conciencia.

«Dios es un químico orgánico».
Cyril Ponnamperuma

Mujer: Vaya, interesante. ¿Y por qué te presentas ante mí si eres mi conciencia? ¿Qué apariencia tienes? Porque también puedes ser un ser imaginario de mi mente. ¿Eres una mujer real o es que estoy loca?

CON: Puedo serlo, pero es lo más creíble para ti o vosotros, porque solo concebís lo visto, lo táctil, vamos, ver, oír y conocer, y no, no estás loca, y si mi presencia es de mujer es porque soy tu conciencia de mujer.

Mujer: Y si yo tengo otro conocimiento de otra gente que cree en una determinada imagen, ¿por qué me lo ha hecho ver así? Me dices que eres mi conciencia de mujer, ¿acaso tiene género la conciencia?

CON: Bueno, por lo que veo en ti, me gusta tu actitud de comprensión, eso te hace más apta para que pueda explicarte muchos conceptos de la vida que te preguntas, aunque veo que ya más o menos tienes una idea, una lógica, como lo llamáis. Y la conciencia NO tiene género más que en el cuerpo en que se reencarna, varón o hembra, de esa manera, os es más fácil integrar vuestra conciencia en vuestro género.

Mujer: Bueno, la verdad es que tengo muchas, pero que muchas preguntas, y no sé si tendrás tanto tiempo para mí ni por dónde empezar.

CON: Eso ya lo veo, y tengo todo el tiempo que tú quieras tener conmigo.

Mujer: Cómo empezaría a preguntarte.

CON: De la forma más sencilla.

Mujer: Dime por qué dejas que el ser humano tenga tanto libre albedrío, si eso es lo que nos corrompe, nos hace daño y nos hace pecar, como la envidia o la sumisión.

CON: Con calma. El libre albedrío es la condición del pensamiento en virtud de la cual cada individuo puede determinar con absoluta autonomía el propósito de sus acciones. Ninguna fuerza externa que entre en juego, ninguna entidad superior a la vida, sostiene las cuerdas de ese destino. Todos los aspectos de la actuación y el pensamiento de un hombre se reducen a eso, a un acto de voluntad propia.

Mujer: Tú has dicho que el universo o tú eres parte de ese libre albedrío.

CON: Sí, porque es la voluntad de la fuerza del universo la que elige el cómo, el cuándo o el dónde acerca del tiempo.

Mujer: Entonces, la idea que tengo oída acerca de la teoría de la panspermia..., quizá el no azar fuese por la inteligencia de la casualidad y sí hace falta realmente un dios para explicar el universo, porque sigo sin creer que exista. Eso nos lleva a una profunda comprensión del todo o de la nada: probablemente no haya cielo ni vida más allá de la muerte, solo una «conciencia» dentro de nuestro mundo viviente, ya que creer en otra vida es quizá una ilusión creada por nuestra mente o un recuerdo genético de nuestro pasado o posiblemente de ese dios.

CON: Vamos por partes. Los científicos, en sus hábitos del pensamiento y lenguaje del siglo XXI, afirman que la arquitectura del universo no prueba la existencia de Dios. Solo se puede quizá afirmar que la arquitectura del universo es consecuente de la hipótesis de que un elemento o elementos casuales, como el azar del libre albedrío, desempeñó un papel esencial en el funcionamiento del todo y todo fue una conexión entre el azar y ese libre albedrío.

Mujer: Tu respuesta es astuta, porque se basa en la suposición de que tú, Dios, viene de alguna parte, pero entonces, las cosas existen por una razón lógica. Por lo tanto, puesto que tú puedes haber nacido de la más absoluta nada, pero algo tuvo que haber existido siempre, yo te pregunto: ¿de dónde vienes?

CON: En el universo existen dos elementos: materia y no materia, espíritu o alma, o lo que es lo mismo, se sabe que existe, pero no se ve; eso es independiente de la materia, pero es necesaria para la unión de ambos, para que sea una inteligencia de materia viva. La materia existe en el espacio y es la única forma que tengo de ser una conciencia en un cuerpo vivo. Los llamados fluidos universales, mi aspecto espiritual y mi aspecto material, son partes de un solo y del otro sin tener apariencia ninguna. La manifestación es llamada a ser no manifestado, suelo ser lo que llamáis *Big Bang*, toda la formación del universo con el consiguiente inicio del tiempo. Te he dado unos porcentajes con un 25 % por ciento de pura energía y vengo de donde tú crees que vengo, de tu conciencia. Esto hace que el tiempo no se pueda calcular hoy a partir de un evento «singular» como el *Big Bang* que rompe todas las leyes de la física. Creer no es de seres humanos en exclusiva, todo aquel ser vivo que sienta, parezca y razone, seres sintientes sea cual fuera su especie, y te lo remarco, su especie, es de ahí, en cierta forma, de donde vengo.

Mujer: Por esa razón, nuestra consciencia es el eslabón perdido que hace que todo tenga razonamiento lógico y puedo atreverme a decir que es lo que originó en creer en ti de forma sobrenatural; por decirlo de otra manera, la consciencia eres tú.

CON: Vuestra visión de Dios, la física o cualquier otra cosa, depende en última instancia de la perspectiva que tenéis en creer o no creer. No obstante, hay que tener algo en cuenta tanto científicamente como siendo creyente, que representáis a la perfección las dos caras de la misma moneda, y sí, parecen poder convivir en perfecta armonía; como dijo Terry Pratchett: «La luz cree que viaja más rápido que cualquier otra cosa, pero está mal. No importa qué tan rápido viaje la luz, encuentra que la oscuridad siempre ha llegado la primera y esta la está esperando».

Mujer: Hay una versión de un científico que me cautivó, Stephen Hawking: «Imagina que un hombre quiere construir una colina en un terreno plano. La colina representa el universo. Para hacer su colina, cava un hoyo en el suelo y utiliza esa tierra para crear su colina. Por supuesto, él no está solamente haciendo una colina; también está cavando un hoyo, que es la versión negativa de la colina».

CON: Es un ejemplo muy interesante y si fuera así eso de que yo no existiera como Dios, ¿qué piensas de mí?

Mujer: Bueno, que estoy como una cabra hablando a alguien que no conozco y que se supone que no deberías existir, pero existes y me dices que puede que seas Dios; y si creyera que existes y que al mismo tiempo eres mi conciencia, y al mismo tiempo hablo sola, eso es de estar mal de la chota.

CON: No estás mal de la cabeza como crees, por eso me he presentado como algo tangible ante ti, y hablar solo es simplemente una dualidad de vosotros mismos. Y si soy «Dios», entre comillas, y tu conciencia al mismo tiempo, ¿qué piensas?

Mujer: ¿Qué quieres decir?

CON: No, soy yo quien te pregunto qué quieres de mí.

Mujer: Respuestas.

CON: Dilas, y te responderé lo que pueda decirte; quizás tú ya sepas las respuestas, pero será interesante responderte, aunque te advierto que toda la verdad no preveo decirte, porque si lo hiciera, rompería las reglas del universo y una de ellas es que tú tendrás que buscar en tu interior esas respuestas, porque la pregunta o preguntas ya te las has hecho. ¿Qué deseas saber?

Mujer: ¿Sería muy imprudente si te preguntara, otra vez, por qué el hombre te idealiza como un dios a imagen y semejanza nuestra?

CON: Ya te he respondido, por miedo a la muerte, a lo desconocido, porque sois vulnerables, débiles y con un exceso de celo hacia vosotros mismos.

Mujer: ¿Y cómo empezó?

CON: De lo que os preguntáis, ¿quiénes sois?, ¿de dónde venís?, ¿cuál es el sentido de vuestra existencia? o ¿cómo desaparecerá alguna vez vuestra humanidad?, etc., esas preguntas nacieron de la religión de unos pocos hombres con una mentalidad débil que creían realmente que ellos venían de ese dios creador y se autoproclamaron hijos de ese dios, desde el culto al sol al culto a los infiernos. También sugirieron la idea de que ese dios o dioses vinieron del espacio; eso es fruto de vuestra desbordante imaginación para que algunos lo convirtierais en una política del miedo, el dinero, el poder, la mayor irracionalidad, la envidia y otros. Son estos unos conceptos distintos, pero en sí, con un solo fin verdadero: «Es el reino de vuestro dios, en el que nadie responde por nadie», más que a vuestros intereses y necesidades, o lo que es lo mismo, un libre albedrío de terror, para que unos pocos subyugasen a otros pocos, y a esto lo llamasteis religión. Pero también otros fueron más listos, su creencia en sentir que había algo más, en el más allá, se convirtió en una sabiduría hacia la naturaleza, y a esos poquitos como tú, que creéis en un sentido de un todo por el todo, una energía, como ya te he dicho, del universo, os lleva a creer en una conciencia abierta, digna y sabia.

Mujer: ¿Quiénes son esos pocos?

CON: Los que llamáis vosotros el concepto del sufrimiento.

Mujer: Vamos, me dices que la religión es un estado de sufrimiento.

CON: No, no lo has entendido. Vosotros creasteis la religión como concepto de defensa al miedo a la muerte, creasteis a un dios a vuestra imagen y semejanza porque sois pobres de mente y no queréis entender que Dios sois vosotros, vuestra conciencia.

Mujer: Entonces dime qué es la conciencia a la que tanto aspiras a que crea pues lo repites tanto.

CON: La conciencia no es un producto que se genere en el cerebro por sí mismo, sino que utiliza el cerebro como vehículo entre el cuerpo, el alma o el espíritu. Lo que llamáis de forma científica los microtúbulos, las unidades más pequeñas del citoesqueleto de las células que actúan como canales para la transferencia de la información cuántica, responsable de la consciencia que actúa en el cerebro. Es una energía que sabemos que no se crea ni se destruye, se transforma tanto como perdura, teniendo un determinado peso (1 kg más o menos).

Mujer: Explícamelo de otra manera que lo entienda.

CON: Es sencillo, es el estímulo de nuestro espíritu que desarrolla nuestros sentimientos y nuestra razón del todo. Es el conocimiento que el ser humano tiene de su propia existencia, de sus estados y de su acto psíquico, mediante el cual una persona se percibe a sí misma en el mundo. Por otra parte, la conciencia es una propiedad del espíritu humano que permite reconocerse como tal; la conciencia se desarrolla abrazando la realidad sin juzgar cuando vivimos el momento presente y somos capaces de conectar a través de una «inteligencia innata» con nuestro yo interno. Cómo te lo explico. Es difícil hasta para los científicos más realistas aceptar la idea de que el sustrato de todo es de índole mental. El universo es materialmente, espiritualmente, creado por la pura matemática del libre albedrío con el azar inesperado. Una ventaja de corregir la percepción de la humanidad sobre el mundo, resultante de descubrir la naturaleza viva en sí misma. Esto aludiría a la idea de que la conciencia tuviera vida material y así el universo sería un pensamiento, dicho de otro modo, estaríamos, como ya te explicado, en el origen de la conciencia, o como tú dirías, Dios. También te explico que esta conciencia que mana en el universo es, por decirlo así, la conexión con la matriz universal que está en el centro de vosotros. Sois el creador de las circunstancias de vuestra vida; el sentimiento es el lenguaje con el que os comunicáis con la matriz universal. Los pensamientos crean vuestros sentimientos y a través de los sentimientos, creáis vuestra realidad, por lo tanto, estáis creando vuestra realidad constantemente. «Si estáis conscientes, por definición, estáis creando», por lo tanto, la realidad solo puede existir donde vuestra mente crea un centro; esto no es nada más que la matriz, reflejada en nuestras creencias más profundas, que son los muros invisibles de vuestras creencias. De ahí es de donde venimos todos, de ese centro, de esa «matriz» que está en la esencia del universo y, según esto, es lo que hace que tu conciencia sea conciencia y esta tenga un alma. Esta no muere, por decirlo así, sino que es eterna, pero, ojo, aunque no lo creas, también tiene un fin, el cual es pasar a otra dimensión cuando hayáis completado el ciclo de vuestras reencarnaciones, siempre y cuando no superéis vuestros errores, y si no los superáis, seguiréis en este estado de reencarnaciones eternamente; todo depende del poder de libre albedrío que escojáis porque os da la gana.

Mujer: En otras palabras, tú me dices que la conciencia es el estado sensorial de nuestra sensitiva mente, que conectamos con toda la naturaleza del universo, esa «matriz», y que esta no muere nunca. Podríamos decir que es el punto álgido de que los sentimientos aparecieron en el universo para dar vida a todo lo que conocemos, es decir, el centro de nuestro ombligo.

CON: Por decirlo así, así es, la energía que hay en el universo es una conciencia pura, matemática, química, como también azar y libre albedrío, que está, en cierta forma, en el centro, digámoslo, así, «del universo».

Mujer: Así sí lo entiendo, podías habérmelo dicho de forma sencilla y no darme tantas vueltas.

CON: Ya te dicho que ciertas cosas serás tú quien tengas que analizarlas por ti misma para comprender, aunque te dé mil vueltas, y así lo has echo.

Mujer: Bueno, aclarado este tema, veo que eres mi conciencia en un ser más o menos factible en forma física para que yo, en cierta forma, seas tú de la manera más creíble que el universo te pone ante mí.

CON: Eres hábil y rápida para aprender, entender y comprender con una mente muy abierta; eso te hace más susceptible a descubrir, quizá, la verdad de ti misma y del mundo que te rodea.

Mujer: Gracias, pero me gustaría que me aclarases otros temas.

CON: Dime.

Mujer: Es sobre si hay alguna diferencia entre alma y espíritu, que ya he entendido que es parte de la conciencia, pero en qué se diferencian.

CON: El espíritu alude a lo que somos por creación; el espíritu se refiere a lo que hemos recibido gracias al universo. Hay términos como «alma» y «espíritu» que se emplean de manera indistinta, como si su significado fuera diferente, pero se trata de una realidad de ambos actos en conjunto. El espíritu es considerado como una entidad distinta, separada del cuerpo, creada precisamente con el propósito de que tuviera una existencia aparte de este, que representa lo banal y lo mundano. Se describe como espíritu a la esencia de cada ser vivo, aquello que fomenta la identidad, siendo este un regalo del universo que hará único a cada individuo; sería como el soplo, el aliento de cada ser vivo, es decir, hace referencia el principio vital de todo organismo viviente. De acuerdo al concepto, se dice que no solo los humanos poseen espíritu, sino que también lo posee todo ser vivo, al igual que las plantas; de hecho, esto fue llamado concientización. El alma, en cierta forma, es lo eterno, lo que llamáis el recuerdo de vuestros actos, y por lo tanto, por decirlo de otra manera, «es el libro de vuestros errores, tanto castigos como recompensas». Una confusión común entre vosotros, como he dicho, son los términos de alma y espíritu, ya que el alma, aparte de ser ese libro, es la energía que utiliza el cuerpo para poder funcionar, es decir, la conciencia; funcionalmente, algo semejante a las baterías de un equipo eléctrico, siendo esta fuerza totalmente impersonal y sin la capacidad de influir en los sentimientos o pensamientos como actitudes del ser humano. Sin embargo, ambas no pueden funcionar individualmente, se necesitan la una a la otra debido a su estrecha relación; esto es lo que genera la confusión moral y personal, perteneciendo a la misma categoría del cuerpo físico y mental.

Mujer: Por favor, ¿me lo resumes, de forma entendible?, porque creo que no lo cojo.
CON: El alma es la parte del espíritu que se queda en la conciencia una vez muerta la carne por algún tiempo y luego se reencarna en otro cuerpo, pero esta conciencia se limita a ser un ser de nuevo en blanco, en un cuerpo nuevo, sin recordar lo pasado. El espíritu es el cuerpo material del alma y el alma es el cuerpo material de la conciencia.

Mujer: Así sí lo entiendo. En resumen, me dices que toda conciencia, que es la energía del universo, tiene vida, es el espíritu, y, en consecuencia, el alma. Ahora te pregunto: si todo es el origen del bien, ¿dónde o cuándo se creó el mal o el infierno?

CON: En el origen de la vida y en el origen de vuestro propio libre albedrío, o sea, vuestra libertad para escoger lo que deseasteis, ya como materia física o, lo que es lo mismo, la vida.

Mujer: ¿Y cuando hablamos del infierno real?

CON: Vuestro infierno, como te he dicho, son las manifestaciones de vuestro propio comportamiento. En la filosofía budista, el infierno es el sufrimiento, o sea, la representación de vuestro miedo escénico a la vida real y cotidiana, que las grandes religiones aprovechan para representarse en el papel de buena gente hacia vosotros con vuestro comportamiento malo, y lo malo es ejercitado por vuestras mentes más débiles, como ya te he dicho, físico, moral, sexual, etc., hacia todo lo que tenga vida, y en especial, vuestro orgullo o el ego, que a tal punto os domina la realidad de vuestra fantasía, creando así un mundo perfecto de demonios en el infierno de vuestra mente.

Mujer: En otras palabras…

CON: Uno puede engendrar un demonio y este demonio dominarle y atormentarlo toda su existencia. Sin embargo, la vida de ese demonio solo existe como tal porque se alimenta de una serie de pensamientos negativos: fijaciones obsesivas, ofuscaciones o apegos a lo material, o lo que llamáis vulgarmente sufrimiento. Merece apuntar el aprecio entre esta concepción de los demonios con los patógenos físicos (enfermedades) y quizás también merece reflexionar hasta qué punto vuestras enfermedades no se sostienen solamente por los hábitos negativos de vuestros pensamientos, sino quizá por un karma débil, que se agrava con la genética ancestral de nuestros antepasados, convirtiéndose en una vida físicamente tanto débil como deforme. Para que lo entiendas mejor: el infierno no es más que la frustración de vuestros objetivos y el cielo o la recompensa es la tranquilidad, es hacer lo correcto en vuestras vidas cotidianas, sin hacer daño a nadie, consiguiendo el objetivo más hermoso que el hombre posee, la sencillez.

Mujer: Si ese el infierno y nosotros somos el demonio, puesto que es el sufrimiento en sí, ¿cómo buscamos la sencillez?

CON: Es entender que:
1. La vida implica sufrimiento, todo es sufrimiento.
2. Comprender el origen del sufrimiento.
3. La causa de este es el deseo y somos capaces de seccionar el sufrimiento.
4. Puede este superarse desprendiéndose del deseo y buscar el camino hacia el fin del sufrimiento comprendiendo que hay una vía para ese camino: aprender a tener paciencia y constancia (el óctuple sendero).

Mujer: Me hablas de un concepto budista, así lo entiendo yo.

CON: Sí y no, el infierno, como el demonio, es la misma cosa: vuestro sufrimiento.

Mujer: Si fuera así, ¿cómo buscamos la tal ansiada felicidad o sencillez?

CON: No es buscar, sino aprender que sois el libre albedrío de la vida; en vuestra mano está cambiar esa actitud inmovilista para encontrar una salida. Y a tu pregunta sobre la felicidad y la sencillez, son conceptos unidos hacia el equilibrio mental, es poner en orden los pensamientos para aprender cómo pensar más despacio, razonar más despacio, comprender más despacio, etc. Eso no os hace menos inteligentes, por el contrario, os permite ver las cosas con mayor perspectiva y claridad. Solo entonces apreciareis qué es lo prioritario y lo secundario. Pensar más despacio facilita a su vez el poder higienizar esos esquemas que crea el miedo o la ansiedad para después desactivarlos y permitirnos dejar espacio a la esperanza, a la positividad, a la sencillez. No dudes en aplicar estas estrategias cuando percibas ese desorden interno que, a la larga, solo os trae el caos a vuestras vidas y así pongáis fin al desorden, al fin y cabo, pensar bien es sentirnos mejor, más tranquilos y, por lo tanto, es un concepto de felicidad.

Mujer: Pero ¿cómo podemos aprender partiendo de la base del sufrimiento?

CON: Bueno, tienes o tenéis, como te he dicho, sobre el concepto de sufrimiento una base de normas como el óctuple sendero del budismo o unas claves para gestionar esas normas.

Mujer: Claves o normas, ¿qué diferencia hay?

CON: Primero claves o leyes y luego normas, y la diferencia es que primero se estudia y luego se actúa.

Mujer: ¿Por qué primero una cosa y luego otra?

CON: Porque primero es más sencillo entender una cosa y luego comprender la otra, es obvio y de cajón.

Mujer: Dime, soy todo oyente.

CON: Es largo y apasionante.

Mujer: No tengo prisa, ¿la tienes tú?

CON: No, así que te comento. Primero, el apego al sufrimiento o la libertad de ser feliz, tú eliges; por curioso que parezca, el mundo emocional es una de esas áreas en las que el budismo y la psicología occidental suelen tener algunos elementos comunes. Con respecto al primero, esta vez te propongo reflexionar sobre unas claves del budismo para trabajar mucho mejor vuestras emociones.

Mujer: Bien.

CON: Muchas veces lleváis un ritmo de vida frenético, tan cargado de estrés y agobio que no sois capaces de deteneros a analizar el porqué de esa carrera tan estresante que parece no tener fin, el trabajo, el hogar, la familia, vuestra propia felicidad, etc. Son asuntos de vuestras vidas cotidianas que tienen mucha importancia para vosotros. En ocasiones os sentís sobrepasados por la cantidad de responsabilidad con la que os toca acarrear, obligaciones impuestas y cargadas de cansancio mental. Son historias tanto pasadas como presentes. Es darles un significado para poder afrontarlo mediante la comprensión; enfocáis de un modo «moderado» y «silencioso» esas emociones hacia la infelicidad. El auténtico bienestar no está «ahí fuera», está en vuestro equilibrio interior, en esa mente que cultiváis a través de la calma, que es el equilibrio tanto de la autoaceptación como de la autoestima. Practicar el desapego en el día a día es una estrategia idónea para regular vuestras emociones. En el momento en que «desactivéis» vuestras obsesiones por lamentar todo lo que os falta o quejaros de todo lo que no tenéis, así como el deseo, entonces controlareis el sufrimiento, abriréis entonces los ojos hacia lo que tenéis de verdad. Y eso es ser felices y así tendréis vuestra ansiada libertad.

Mujer: Dices que tenemos que desarrollar el desapego al sufrimiento. ¿Cómo?

CON: Debes entender que todo en esta vida es dolor, desde el nacimiento hasta la muerte, pasando por el deseo, la responsabilidad tanto de lo que no odiáis como lo que deseáis y no tenéis, o como la desaparición de lo que más amáis, etc. Todo es dolor y sufrís porque existís en la existencia cíclica, del nacimiento hasta, como te digo, la muerte.

Mujer: Esto es una ley del budismo.

CON: Sí, y es la primera base que tienes que entender, que todo es sufrimiento.

Mujer: Sigue, te escucho.

CON: No debes de ser tan tonta como para no entender que la conciencia es parte del universo, como te he dicho, pero esta depende de la matriz universal, que tiene que ver con el espíritu, que ya te expliqué. Ahora has de entender que esta es la primera ley, reconocer que todo es sufrimiento; luego tenéis que aceptarla y entender que hay una causa detrás de vuestro sufrimiento (los errores y el karma que surgen de la ignorancia, que nos impiden ver la solución del sufrimiento, de modo que son las existencias de las cosas), por lo tanto, una causa y un efecto.

Mujer: Pero esta idea entra de cajón, siempre hay una causa y, por lo tanto, un efecto.

CON: Sí, pero no lo comprendéis del todo, porque esa acción es parte de vuestro efecto de reencarnación, y debido a que existe una causa y un efecto, que podemos realizar la vacuidad, o sea, un antídoto acerca de la ignorancia, sois capaces de actualizar la tercera verdad, o ley, la secesión del sufrimiento, con un buen comportamiento, que depende de elegir y saber que el libre albedrío puede ser controlador y, por lo tanto, reeducarlo.

Mujer: Esto está muy bien, pero es solo una idea. Hacerla realidad cuesta, puede ser casi imposible realizar ese cambio para entender el sufrimiento.
CON: Es con un, como te dicho, comportamiento de comportamientos; es lo que se llama en la filosofía budista el óctuple sendero, que por cierto es duro, solo es cuestión de acostumbrase a él, pero sencillo. ¿Te cuento o no te interesa?

Mujer: A estas alturas, ya me estás intrigando mucho. ¿Cómo?

CON: Es un sendero de comprensión, es la cuarta ley del sufrimiento, llamado así para evitar los dos extremos, tanto la búsqueda de la felicidad a través de los placeres sensuales como la mortificación de uno mismo. Este Sendero Medio es llamado el Noble Óctuple Sendero y consta de ocho factores, que son:

entendimiento correcto, pensamiento correcto, discurso correcto, palabra correcta, acción correcta, medios de vida correctos, esfuerzo correcto, atención correcta y concentración correcta. Estos ocho factores no son separados y deben desarrollarse simultáneamente, ya que todos ellos están estrechamente relacionados entre sí y cada uno contribuye al cultivo de los otros. Su finalidad es el desarrollo y el perfeccionamiento de los tres principios capitales de la disciplina, que se desarrolla en tres bloques: la sabiduría, la conducta ética y la disciplina mental.

Mujer: Me estás hablando con demasiados tecnicismos, no simplificas.

CON: Es importante que te lo pueda simplificar de forma técnica, porque de lo contrario no lo entenderías; mejor que te hable como un maestro de parvulitos, es la mejor forma de que me entiendas.

Mujer: Si lo crees así, pues no seré yo quien te ponga peros, solo háblame cortito.

CON: ¿Me estás presionando u obligando?

Mujer: No, disculpa si te he ofendido.

CON: No es ofensa, pero veo que tienes poca paciencia y eso no es bueno para ti ni para mí, porque dejaré de hablarte.

Mujer: No, atenderé mejor y tendré paciencia; si mi ignorancia no es de tu agrado, disculpa.

CON: No se trata de disculpas, sino de entender con paciencia y con comprensión, así que te seguiré contando, si lo deseas.

Mujer: Por supuesto.

CON: Como te he explicado antes de que interrumpieras, todo en esta vida de mortal está sujeto a vuestros deseos y necesidades, por lo tanto, a vuestro sufrimiento; no sois víctimas, simplemente sois el creador de vuestra experiencia. Todo lo que os sucede es atraído por vosotros mismo y es extremadamente necesario para vuestro aprendizaje, cuando algo desagradable os suceda, preguntaos: ¿por qué he atraído eso a mi vida?, ¿qué necesito para aprender de esta experiencia?

Mujer: ¿Cómo es posible?

CON: A través de vuestros errores mundanos, por eso todo lo que cosecháis como deseo no alcanzable en vuestra vida mortal lo dejáis para pagar en vuestra otra vida futura, hasta que entendáis que el sufrimiento es vuestra mayor deuda en el universo. Hay, como te he dicho, un camino bastante cercano a vuestra existencia, no iluminación, pero sí a vuestro desapego del sufrimiento, pero ojo, esto no significa que cojáis el camino contrario y seáis fríos e insensibles ante el sufrimiento y no os importe llegar a sufrir por placer o que lleguéis a hacer sufrir conscientemente, cuidado con los extremos opuestos.

Mujer: ¿Cuál es?

CON: Te lo he dicho ya, has de estar más atenta.

Mujer: Ah… El óctuple sendero.

CON: No es tan difícil de entender. ¿Retiro la palabra o sigo?

Mujer: Mis ojos no ven más allá de lo que me dices, pero mi conciencia, tú, me hablas como si fuera una niña tonta.

CON: Si fuera así, ¿por qué me molestaría en hacerte entender y hablarte si no viera que lo necesitas? No eres tonta, pero a veces careces de realidad y eso hace que te falle el entendimiento.

Mujer: Soy humana, soy torpe y quizá analfabeta, pero no idiota. Disculpa mi atrevimiento y sigue.

CON: Interrumpir es bueno si es para preguntar, pero en tu caso debes escuchar.
Mujer: Gracias.

CON: Como te he repito, lo que llamáis la Noble Verdad es el Sendero Medio, llamado así para evitar los dos extremos , de los que te he hablado. Este Sendero Medio es llamado el Noble Óctuple Sendero. Estos ocho factores no están separados y deben desarrollarse simultáneamente, como te he explicado, ya que todos ellos están estrechamente relacionados entre sí y cada uno contribuye al cultivo de los otros. Su finalidad es el desarrollo del perfeccionamiento de los tres principios pilares del adiestramiento como disciplina: la sabiduría, la conducta ética y la disciplina mental. Te lo mostraré con cada uno de ellos de forma técnica, como dices, para que te sea menos suplicio de entender.

1. **La sabiduría**

   La sabiduría implica la recta Comprensión y el recto pensamiento, por lo tanto, hablamos de templanza y caridad.

2. **La conducta ética**

   La conducta ética implica: la recta palabra, la recta acción y los rectos medios de vida, por lo tanto, hablamos de esperanza, justicia y humildad.

3. **La disciplina mental**

   La disciplina mental incluye: el recto esfuerzo, la recta atención y la recta concentración. Aquí estaríamos hablando de fe en los tres conceptos: paciencia, fortaleza y prudencia.

En resumidas cuentas: este Noble Óctuple Sendero puede ser seguido, practicado y desarrollado, según la filosofía budista, por cualquier individuo y no importa la edad ni la situación social, es una disciplina corporal tanto verbal como mental (de la que yo, personalmente, trataría como una asignatura en las escuelas, porque les falta eso, moderación para enseñar, porque diríamos: «Por qué se enseña, para qué se enseña y por qué enseñar respeto antes que matemáticas»).

Mujer: Me parece alucinante lo que me has contado en este modelo de planteamiento. Sé que puedo hacerlo, pero por ahora no deseo planteármelo, pero sí estudiarlo, porque tengo muchas dudas y preguntas acerca de este estilo de vida o de pensar o de dirigir mi vida hacia este conocimiento. Disculpa si soy brusca.

CON: Bueno, no es una disculpa lo que esperaba, pero veo que necesitas más tiempo y más respuestas. Haré lo posible en responderte, pero, como ya te he dicho, serás tú quien tome el control de tu razonamiento y comprensión, pero también te dije que no toda la verdad te diría porque sería una necia si toda la verdad te explicase. ¿Qué quieres hacer o decir?

Mujer: También has hablado del karma. ¿Cómo funciona?, pues me sabe a ley de Murphy.

CON: Te lo resumo con una frase y luego te explico: «Nadie escapa de sí mismo, nosotros somos nuestra propia conciencia, pues el karma no tiene menú, te servirá lo que has sembrado». El karma para el ser humano, «vosotros», es una acción que cada individuo realiza y, por lo tanto, habrá una reacción. El sentido de la palabra puede tener connotaciones de acciones específicas y consecuencias diferentes, pero por lo general se relaciona con la acción y sus consecuencias. Se conoce como «el juez de vuestros actos», una energía trascendente e invisible que van creando vuestros comportamientos. El alma se va cargando de tus acciones según vuestra actitud con el libre albedrío, acumulando una deuda de consecuencias que tarde o temprano se deberá pagar; puede ser en vida «viviendo» o en otra reencarnación, pero esta con una nueva mente («la conciencia»), pero no así el alma, que está cargada de esas acciones. Da igual que pasen veinte minutos o veinte años desde que activamos esas fuerzas, siempre vuelve hacia nosotros. Tal como esta fuerza se haya utilizado, cosecharemos lo que hemos sembrado. Cuando elegimos actuar para hacer el bien y llevar tanto felicidad como éxito a otros, entonces los frutos del karma también serán de felicidad, éxito y expansión; por el contrario, si hacemos el mal y destruimos a una persona físicamente (asesinato), o a animales o al medio ambiente, y ya no te digo si es a nivel psicológico, lo pagaremos de una forma en la que se nos hará lo mismo a nosotros para que perezcamos el mismo trato que hemos hecho, pero si tu remordimiento o dolor antes de sufrirlo en carne es mayor, puede que tu karma se apiade de ti y entonces será una lección. Por decirlo así, el karma es el equivalente a lo que dijo la ley de Newton que estipula que «a cada acción le corresponde otra igual u opuesta». Se ve como una especie de causa y efecto, un sistema universal de justicia contra los delitos. De hecho, algunos seres humanos cuentan con que el karma es como una venganza: «Me hizo daño y recibirá su merecido cuando el karma le muerda el trasero». El karma no funciona como venganza, a pesar de que la gente espera y desea que así sea; las personas no obtienen lo que se merecen, obtienen lo que atraen.

Mujer: ¿Cómo lo que atraen? ¿Me dices que yo puedo atraer el mal, aunque haga el bien?
CON: Bueno, en cierta forma así es. Por eso algunas personas pueden caminar por el mundo hiriendo a otras personas y nunca ser atrapadas, castigadas o incluso sentirse mal por ello. Porque eran, de hecho, una combinación vibratoria para su comportamiento. Otra noción que debo aclararte es la idea de que, si te pasa algo malo, debes haberlo merecido. «Bueno, supongo que lastimé a alguien en una vida pasada porque estoy sufriendo ahora». No, tampoco funciona así el karma; siempre obtendrás aquello por lo que sois seres humanos vibratoriales (karma y efecto), ya sea una asombrosa vida de felicidad y alegría o una vida

deprimente, cargada de dolor y miserable. No hay nadie al otro lado con un cortapapeles que diga: «Asegúrate de que Alma tenga un accidente automovilístico esta mañana para compensar esa vida en la que colgó a Robinson por ser una bruja». No. Para el universo, somos niños en pañales jugando en el arenero de la vida. El universo te brinda las mismas oportunidades para aprender y decidir si cambiarás tu comportamiento o lo mantendrás igual, pero no hay juicio, debes tener esto claro, no importa cuál «malo» creas que has sido, o cuánto daño crees que estás haciendo, o cuál indigno crees que debes sentirte, el universo no te castigará por tu comportamiento de indecisión, pero si, entre comillas, tú sientes que mereces ser castigado, atraerás algo que sentirás como un castigo.

Mujer: Vaya, ¿significa esto que soy libre de lastimar a la gente si quiero y me apetece?

CON: No, siempre has sido libre de lastimar a la gente que quieres y siempre serás así, pero, en algún momento de tu vida, es posible que no te guste cómo te sientes cuando lastimas a otras personas o haces algo terrible. Esto se llama remordimientos y dejarás de hacerlo, podría ser en esta vida o en otra, el universo es paciente y puede llevarte toda la eternidad del universo en actuar. El karma, como te he explicado, se trata de tener la oportunidad de cambiar tu vibración espiritual, o sea, a través de tu conciencia, y atraer algo diferente; de esa manera, estarías superando el sufrimiento. Por eso el universo te brindará amplias oportunidades para elegir un camino diferente. Entonces, si tienes la esperanza de que algo malo le suceda a otra persona, es mejor que te liberes y perdones y sigas adelante, de lo contrario, atraerás nuevas oportunidades que implican la necesidad de perdonar a alguien. ¿Me captas la idea?

Mujer: Perfectamente.

CON: Si estás deseando constantemente que le sucedan cosas negativas a quienes te hacen o te han hecho daño o el mal, el universo te traerá constantemente personas que te hacen mal o te harán daño, para que puedas seguir deseando que les sucedan cosas negativas. Aunque sea una paradoja, es así, ese es tu karma, eso es lo que el universo cree que quieres, ya que eso es en lo que siempre estás pensando. El karma en sí no es castigo, no es venganza, no es justicia, el karma es el universo que te brinda oportunidades para alterar tu vida vibracional.

Mujer: Pero, entonces, ¿cómo explicamos cuando morimos el que podamos resumir nuestras acciones para corregirlas?

CON: La fatalidad causada casi siempre tiene su base en la mente del subconsciente, «en el alma de vuestra conciencia», donde se alojan todos vuestros recuerdos. Eso no significa que vuestro futuro esté controlado por la fatalidad, debido al poder de esas situaciones que condicionan desfavorablemente el desenlace de tal futuro. Por eso, en otros aspectos, eso implica un poder dominante para poder controlar vuestro futuro en ciertas áreas específicas de vuestras vidas. Muchos de vosotros habéis hecho juramentos (mal llamados votos) durante vuestras vidas anteriores, para bien o para mal; el problema para algunos de vosotros es que sus juramentos han sobrepasado los límites del tiempo establecidos en el universo, «en la matriz universal», pues fueron expresados para extenderse en el resto de sus vidas pasadas-futuras, en «sus reencarnaciones» por venir, poniendo en riesgo su desatadura definitiva, «la liberación». Podemos mencionar los votos de pobreza, castidad, celibato, sufrimiento, así como pureza, etc., que suelen ser parte de vuestras vidas y cuya duración está definida para una vida y no más allá, pues «no sois inmortales físicamente», pero sí imperfectos. Otros juramentos pueden haber sido de amor eterno o de venganza contra otra persona o personas o animales, más allá de límite del raciocinio de destrucción ilógica, quitando una vida o vidas de inocentes (pero no confundas matar para comer, eso es otro concepto diferente que lo asumiremos más adelante), e innecesaria. Este hecho puede llegar a no tener oportunidad de romper esas ataduras, ya que el hecho de quitar una vida, como ya te he dicho, depende de si te arrepientes o no; el karma es el karma, con motivo o condición. Por muy insignificante que creamos que sea, esa vida que quitamos es un castigo del no retorno a la superación. Ya que hay una ley en el universo que dice: «¡Por muy malvada o atroz que sea esa criatura o raza, ¡nadie tiene el derecho divino a exterminarla!, ¡ya que esta puede llegar y llegará a jugar un papel importantísimo en el ecosistema del universo!, ¡y aunque sea tan pequeñita como una bacteria o grandiosa, poderosa y enorme, ¡su papel es esencial!». Un juramento hecho bajo una fuerte intención puede proyectarse hacia las vidas siguientes sin límites para su duración. De esta manera, el mismo tipo de fatalidad se hace recurrente por una serie consecutiva de vidas pasadas. Por ejemplo, podemos vivir el juego de la venganza todo el tiempo que queramos y nunca dejar de vivirla. Todos estos juramentos pueden convertirse en limitaciones que restringen nuestra libertad de elegir nuestro futuro y, por consiguiente, una reencarnación digna. En otras palabras, esos pactos suelen hacer que la fatalidad tenga una base firme en todo momento presente, haciendo así que vuestro futuro sea un correspondiente patrón de fatalidades indefinidamente, creándose continuamente (una y otra vez). Pero también hay otra cuestión, y es el papel que juega el destino, pues sin este concepto no se podría abrir la puerta de las acciones a la superación del karma. Hace unas semanas tuviste que sacrificar a tu gatita porque estaba muy enferma, desahuciada; el veterinario te dijo que tenía muy mal los riñones y no había vuelta atrás, solo calmantes y antiinflamatorios para el momento, y optaste por sacrificarla; estuviste en todo momento con ella, no la dejaste marchar sola. Sé que te dolió mucho, ya que no podías hacer nada más por ella; aunque la trataste con calmantes, ella sufría mucho. Lloraste en el momento y qué hiciste después.

Mujer: Me alivié porque ya la vi descansar del dolor, aunque me costó.

CON: Eso se llama comprender el sufrimiento, pero no lo que te he explicado, el de exterminar el sufrimiento de forma violenta como asesinato; el karma en esta acción es de lección.

Mujer: Creo haber entendido que, según lo que escojamos como libre albedrío, más algo de azar, pues no estamos sujetos a ninguna ley de escoger por obligación, es lo que somos, un alma continuamente errante buscando el sosiego para la erradicación del sufrimiento. Vamos, lo que haces en una vida tendrá consecuencias en la vida siguiente. Para hacer frente a los sufrimientos del espíritu, hay que alcanzar el equilibrio espiritual, para así llegar al fin de las reencarnaciones. Pero, en cierta forma, es un estado bastante doloroso, porque somos egoístas por naturaleza, porque buscamos casi siempre, por no decir siempre, el deseo, pero te pregunto: cuando naces, ¿recuerdas algo?

CON: No, pero también te explico que al nacer eres un inocente. Si has visto alguna imagen de niños abandonados, desnutridos o violentados y te dan pena, pues su imagen es atroz, solo es el karma; ellos no recuerdan más que su mala suerte en el momento actual, nunca sus vidas pasadas, porque siguen siendo inocentes. Todo influye. En que sus vidas sean atroces o maltratadas juega un papel importantísimo la sociedad y la humanidad hacia ellos.

Mujer: ¿Cómo es esto?

CON: Cuando llega el momento y tu universo decide o son tus acciones las que deciden, ir a una nueva reencarnación, al nacer se es inocente, limpio de culpa, puro, un recién nacido, indefenso; cuando tienes un poco de conciencia y ya sabes cuál es tu lugar en este mundo, es donde empieza tu verdadero calvario de sufrimiento en esta existencia. He visto imágenes de niños pobres en la India, desamparados, sucios y de una casta, como la llaman, intocables, o haber nacido en un país en donde ser mujer es la muerte, humilladas, algunas veces casadas siendo niñas... Eso impacta, porque ellos están indefensos, pero están por una razón, y quizá es su karma, pero duele verlos porque en el fondo sabes que son inocentes, pero están ahí, y no podemos evitar sentirnos mal, solo comprender que podemos evitarlo.

Mujer: ¿Cómo podemos evitar y erradicar ese sentimiento de dolor sabiendo que es una cuestión del karma?

CON: Me has entendido, pero te explico. Hay cuatro destinos de karma o leyes del mismo karma.

Mujer: ¿Cuatro destinos o leyes del karma?, ¿qué es eso?

CON: Son, para que me entiendas, como puertas o conceptos de que hay distintos karmas que afectan según la regla del universo a las situaciones de cada individuo.

Mujer: Tú lo has dicho, «destino». ¿Cuáles son? Y explícame por qué.

CON: Clasificamos cuatro, tres de ellos de acuerdo con las acciones que pertenecen a la naturaleza y al universo, que os afecta a vosotros (el ocasional, el determinante y el azar) y el otro alude a la ley de los animales (el condicionante), por el que podemos reencarnarnos en un animal o planta, pero esto te lo explico después, vayamos por partes.
  1. **El ocasional:** quiere decir de forma accidental, no usual, que sucede por casualidad, por un hecho del azar. Este destino no es controlable por nada ni por nadie, ya que suceden las cosas

de forma natural. El cuándo y el cómo son un misterio, pero todo está sujeto o conectado a las matemáticas de la naturaleza en sí misma. Y aquí la reencarnación juega el papel de conectar el sentimiento con lo que venga de improviso y reaccionar dependiendo de las circunstancias, día, hora y momento.

2. **El determinante (creado):** es aquel destino que nosotros creamos con nuestras acciones, característica precisa de escoger un determinado futuro con anterioridad (como escoger trabajo, estudios, deporte...). Aquí la reencarnación es preparada, juega el papel de la conciencia, de escoger a nuestra conveniencia lo que deseamos y controlamos con las acciones de escoger lo bueno o malo, es decir, para nuestro provecho.

3. **El determinismo o azar:** la corriente filosófica señala que todos los pensamientos y acciones humanas se encuentran casualmente determinados por una cadena de causa-efecto como consecuencia. Para el determinismo fuerte, no existe ningún suceso que sea azaroso, mientras que el determinismo débil sostiene que existe una correlación entre el presente y el futuro sometida a la influencia de sucesos aleatorios. Lo que viene a decir que el destino está sujeto a nuestras acciones pasadas, o lo que es lo mismo, el azar está escrito porque tú lo eliges a través del libre albedrío. Pero todo destino, o estas deudas kármicas, como ya he dicho, tiene un origen muy sencillo, y es la conciencia que regresa a su estado primordial. Cuando nos reencarnamos de nuevo, aparecen en forma de pequeños detalles, sueños o

recuerdos o sensaciones de *déjà vu*. Es un tipo de paramnesia del reconocimiento en sueños; esta paramnesias del recuerdo experimenta que se siente como si se hubiera vivido previamente ese momento o como la sensación de haber estado en cierto lugar que te parece que has estado antes; básicamente se trata de un suceso de la conciencia del espíritu o alma que fomenta sus recuerdo en ti, que sientes que ya ha sido vivido ese momento o ya has hecho tal cosa...

Mujer: ¿Y qué más?

CON: Sin agobios, no tengo prisa por explicarte.

Mujer: Vale.

CON: El universo te da la misma oportunidad para rectificar esos errores cometidos, aunque, como ya he dicho, la conciencia muere en ese cuerpo. No así lo hace el alma o espíritu, que es la encargada de reencarnarte y poner recuerdo o situaciones en la nueva conciencia para aprender (karma). Podríamos decir que, cuando soñamos, podemos tener recuerdos de otras vidas y darnos consejos para no cometer los mismos errores, pero esto es bastante difícil de controlar, porque hay veces que son más pesadillas y otras veces, como dijo Sigmund Freud, los sueños son eso, sueños del subconsciente de lo que se desea controlar o lo que no controlamos en la vida real. Para que entiendas mejor qué es lo que te está pasando en tu vida actual, las escenas son típicas de esos recuerdos. Si te pasa algo negativo que no te esperabas, te dices a ti misma que es cosa del karma o ley de Murphy, pero si te pasa algo bueno, es menos frecuente que no lo recuerdes, ¿verdad?

Mujer: Casi nunca, al contrario, se me borran y solo recuerdo las cosas malas como pesadillas o con incredulidades, sin sentido alguno.

CON: Pero el karma o las cosas malas están ahí siempre presentes en tu vida, en lo bueno y en lo malo, tan presentes como la ley de Murphy, pero con un toque más místico y espiritual. Hay muchas cosas de las que podemos culpar a esa ley de Murphy, pero aquellas de cuando te estás riendo de alguien porque se ha tropezado, automáticamente te tropiezas, entra dentro de la descripción de esta famosa ley, pero yo lo llamo, en cierta forma, un karma automático simpático. ¿Alguna vez has recibido una llamada telefónica al momento de sentarte en el inodoro?, ¿ha llovido el día que lavas el coche? Quizás te hayas percatado entonces de que algo estaba ocurriendo, que algún principio universal estaba fuera de tu alcance, ansiando ser llamado por su nombre, profesados por muchos como «maldita sea» o «me *cagüe* en la puta» o «qué diablos pasa», etc., así que lo llamamos ley de Murphy o maldecimos a Dios, en donde este enuncia su famosa frase: «Si algo puede pasar, pasará». Cabe subrayar que esta es distinta de la ley del Karma, pero alude a una semejanza, como te he dicho, en teoría, ya que esta apela a que nuestros actos, sean de la índole que sean, se revierten, es decir, que nuestras buenas o malas acciones se retribuyen tarde o temprano, según como actuemos. El karma tiene un contexto más espiritual y está íntimamente ligado a nuestra alma, por el contrario, la ley de Murphy se relaciona con sucesos cómicos, es una manera jocosa de tomar con humor «un mal día». Este tipo de predicciones tiene que ver con la ley de atracción, es decir, se deben evitar las formulaciones verbales porque es posible que se cumplan en ti por partida doble, por ejemplo, frases como «nada más falta que...», porque es posible que los malos momentos se atraigan con la mente, aunque también hay que recordar que este ya es terreno de la metafísica, así que lo más recomendable es no dejarse llevar por malos presagios y es que, en contra de la ley de Murphy, siempre está el karma, que es más justiciero.

Mujer: Pero, realmente, ¿cómo consideramos a la ley de Murphy?

CON: La ley de Murphy es un enunciado basado en un principio empírico que trata de explicar los hechos acontecidos en todo tipo de ámbitos. A grandes rasgos, se basa en el adagio siguiente: «Si algo malo puede pasar, pasará» o «Si quieres solo una taza de café, tomarás cinco». Esta frase, que denota una actitud pesimista y se resigna ante el devenir de acontecimientos futuros, puede aplicarse a todo tipo de situaciones, desde las más banales de la vida cotidiana hasta otras más trascendentales, como el poder... Cuando llega un problema, llegan todos encima y no dejan que te repongas del primero cuando ya un montón de pequeños y grandes problemas empiezan a caerte casi sin dejarte pensar con claridad, y continuamente. Es la ley del karma o ley de Murphy. Todo te llega cuando no tienes tiempo de analizar las situaciones con claridad ni cómo solucionarlo porque tienes todo encima. Causa y efecto es karma o ley de Murphy. Podríamos decir que ambos conceptos van a la par, solo que uno es espiritual y el otro metafísico, como te he explicado; uno es la parte de nuestro espíritu y el otro es la parte de la maldad, en cierta forma, del karma simpático.

Mujer: Me has explicado tres de esas leyes. ¿Qué pasa con la cuarta? ¿Cómo lo has llamado…? El condicionante, que se puede uno reencarnar en un animal, o viceversa, esto es, en personas. ¿Tienen sufrimiento de karma los animales?

CON: El condicionante alude al hecho de que el universo, según las acciones de tu vida, puede obligarte o imponerte, casi a la fuerza, una reencarnación en planta o animal, y esto no es una opción de que tú quieras liberarte o no, sino que el universo te lo impone, te lo exige, te obliga…, te guste o no te guste. Los animales también tienen su retorno de karma, pero no como tú te piensa, y solo en el caso de un condicionante te reencarnas en uno de ellos.

Mujer: ¿Cómo es esto? ¿Tienen karma?

CON: ¡Claro que tienen retorno del karma! Lo único es que se ahorran la conciencia de sufrimiento del karma al dejar sus cuerpos; son almas de animales en sus cuerpos de animales que no experimentan remordimiento de sus actos. Quién sabe si la película de sus vidas pasa por sus mentes después de haber dejado sus cuerpos y al entrar en otros cuerpos para volver a nacer, aunque así fuese, no habría castigo, porque el castigo es el remordimiento de conciencia del bien y del mal, que solo se apega al hombre. En el caso de ellos, es una conciencia asumible al retorno de la reencarnación, pero no porque ellos piensen que hacen algo malo o bueno, simplemente hacen reacción de sobrevivir en el caso de animales salvajes (es matar y comer, matar y vuelta para comer); en el caso de los domésticos, es un aprendizaje, porque están sujetos al condicionado de la compañía del hombre (como te ha pasado con tu gatita). Esto es una afirmación que nos hace que reflexionemos bastante, porque vemos muchos animales con comportamientos muy buenos, pero otros tienen acciones nefastas, y a veces la naturaleza nos muestra reacciones que son inolvidables por crueles, al ver en la propia naturaleza tales actos tan escabrosos y violentos, como cuando un padre (un león macho alfa) devora a retoños de otro macho solo para poder volver a copular con las hembras, o la caza de los depredadores a crías recién nacidas de cebras, gacelas, ñus, etc. Esto no gusta de ver, pero es parte de la crueldad de la belleza de la naturaleza. Y a tu pregunta de si tienen karma, bueno o malo, sí tienen, pero tienen porque el karma es una acción de igual para todos, incluyendo a los seres humanos. La única diferencia entre ellos y vosotros es que los animales no tienen sufrimiento kármico, como ya he dicho, porque no tienen conciencia de lo que han hecho, pues su conciencia es de una supervivencia natural. Aunque lo creas o no, tienen también sentimientos de maldad y bondad, solo que no como vosotros; ellos no pueden arrepentirse porque no aceptan el castigo, ya que, por decirlo así, «la vida es su comida, consciente»; no así la del hombre, que tiene acción de arrepentimiento. La vida de ellos es simple y sencilla. Vosotros como especie con conciencia de dios habéis invertido ese sentido de supervivencia y lo habéis convertido en un poder del más fuerte, guapo... Vosotros sabéis cuándo hacéis algo malo o algo bueno, porque tenéis consciencia de ello y de sus consecuencias, aunque a veces, por no decir siempre, digáis que no, y aunque queráis ignorarlo y lo olvidéis, está ahí, en vuestro subconsciente, y este en el consciente que lo guarda todo para sacarlo y mostrarlo en la pantalla de nuestra vida, en el momento oportuno, que sería al dejar vuestro cuerpo (muerte), cuando ya no podéis arreglar nada de nada, y eso solo se experimentará como castigo o recompensa. Muchos de estos seres sintientes nacen ya muertos, otros tienen accidentes mortales o quedan tullidos, otros arrastran enfermedades y muchos (por no decir el 90 %) os sirven para llenar vuestros platos, vuestra forma de vestir y como trofeos, etc. Al igual que hay gran cantidad de animales que reciben esos tratos terribles en su corta vida, otros más afortunados son tratados como reyes, incluso mejor que algunos de vosotros. Sois una verdadera paradoja en el mundo en que vivís, no sabéis lo que queréis, por eso vuestro karma tiene un castigo como recompensa; el de ellos no.

Mujer: Entonces, ¿ellos no crean karma?, ¿cómo se reencarnan?

CON: Como ya te dicho, el karma no es positivo ni negativo, es una energía neutra que está sujeta a cualquier ser presente aquí en la faz de la Tierra. Y conforme a sus actos, se crean karmas positivos o negativos, ya te lo he repetido. Los animales no crean karma porque ellos no son capaces de racionalizar como vosotros, no desean el mal a nadie y no sienten las diversas emociones negativas que os traen tantos males; simplemente, como ya te he dicho, su conciencia es diferente de la vuestra y me atrevo a decirte que su conciencia es superior a vuestro raciocinio.

Mujer: ¿En qué sentido?

CON: Es una conciencia natural que precede de sus genes ancestrales impregnados desde que nacen. Los animales (mascotas) son bastante sensibles y acaban absorbiendo y reproduciendo los patrones de comportamiento de los dueños, cuando jugáis con ellos como muñecos. Por tanto, te repito, el sufrimiento en los animales no está relacionado con el karma en sí, sino al aprendizaje, a las experiencias, al crecimiento de ellos, porque su alma y espíritu son diferentes; es más grandioso que el vuestro. Ellos simplemente actúan bajo un patrón natural que la propia naturaleza les da.

Mujer: Y si pudiéramos demostrar que los animales sufren y sienten, ¿los argumentos de los humanos que estamos en contra del sufrimiento no tendrían validez?

CON: Te equivocas. Se ha demostrado, porque es un hecho real, que son seres vivos, como vosotros, que sí sienten, sufren y padecen, y quizá más que vosotros, como te he dicho, pero esto para vosotros es un argumento patético de vuestra pobre inteligencia, ya que estáis sujetos a la supervivencia del alimento, al igual que ellos, pero aquí está la gran polémica y la gran pregunta que os hacéis.

Mujer: ¿Te la hago yo?

CON: Adelante.
Mujer: Al hacer algo negativo y cruel como un ¡asesinato! para comer, ¿somos condenados o

ejecutados?, ¿nos reencarnamos en animales domésticos o para ser consumidos?

CON: Es una teoría interesante, pero no es así; habría que ver ancestralmente cómo empezó la idea de hoy día de lo que es matar para comer o ser vosotros la comida, ya que consumís más de las necesidades que tenéis y se convierte más en un asesinato que en un consumo para sobrevivir. Y a tu pregunta de si un alma, de un ser humano, puede reencarnarse en animal, te digo que sí, sí lo es.

Mujer: ¿Cómo es esto?

CON: Como te vuelvo a explicar de nuevo, vosotros habéis ya asumido que la inteligencia está vinculada a la capacidad de sufrir y que debido a que los animales tienen cerebros más pequeños, sufren menos que los humanos. Esta es vuestra absurda teoría, es una idea tan patética y analfabeta como descabellada. Los animales tienen la capacidad de experimentar placer y están motivados para buscarlo; solo tienes que mirar cómo las vacas o los corderos o cualquier animal disfruta cuando se acuestan con la cabeza elevada hacia el sol en un lugar perfecto durante un día de verano. De la misma manera que lo hacéis vosotros en las playas. En el momento solemne de la muerte, todo hombre, incluso cuando la muerte es repentina, ve el conjunto de su vida pasar delante de él, como te vuelvo a repetir, en sus más mínimos detalles; por un breve instante se convierte en un telespectador de su vida y todo lo comprende, pero no en orden, sino aleatoriamente, solo lo más significativo, de lo que tiene un recuerdo más profundo para él, pero ese instante es suficiente para demostrar toda la cadena de causas, sucesos y efectos que ha hecho durante su vida, en milésimas de segundos, pero ese tiempo se convierte en un total de tiempo inmenso para él; es en ese momento cuando aparece el remordimiento, el dolor de lo que deja y el dolor por lo que no ha querido hacer, que no debemos confundirlo con lo que no ha podido hacer, por lo que no aprovechó, lo que dejó escapar, lo que no quiso comprender ni entender, etc. Es en entonces cuando piensa en una nueva oportunidad y suplica por ello a su alma, quien puede oírle, quien le oye, el yo mismo, y he aquí donde aparece la nueva oportunidad, el karma.

Mujer: Entonces, ¿estamos sujetos a ello?

CON: No exactamente. Esta regla es en sí misma para todas las vidas vivientes en este plano existencial: hombre, animales y plantas. Y aquí es en donde entramos en la polémica que habéis subyugado sobre si los animales que os sirven para vuestra alimentación o los domésticos (mascotas), o la fauna del planeta, como las plantas,, están ligados a esta regla. Sí, hay karma de hombre a animal y viceversa. Un hombre cruel o asesino se reencarna en un cerdo y luego es alimentado y matado para comerlo, una y otra vez, hasta que este pague su deuda kármica. Es la ley de causa y efecto, te lo vuelvo a repetir una y otra vez. Pero no confundamos con el karma justo o con el karma de causa, ya que aquí hay una contrariedad de consecuencias: por una parte, esta del ser humano y, por otra parte, está la consciencia de los animales.

Mujer: ¿Con eso me quieres decir que nos estamos comiendo a nosotros mismos, a nuestra propia especie?

CON: No, eso no es así; quizá el espíritu, pero no la materia. Los animales que matamos para comer, no por deporte o placer, pueden ser y pueden llegar a ser conscientes de su tragedia de ser asesinados para vosotros, pero también puede que sean conscientes de que fueron humanos malvados y crueles y ese sea su pago de causa y efecto.

Mujer: Si eso es así ¿ cuándo termina esa deuda?, ya que, por esta regla de tres, estamos creando, engordando y matando al mismo cerdo una y otra vez o, en tu teoría, al alma kármica de un ser humano.

CON: El pago de una deuda depende de los vivos en el caso de los animales; con su mirada, su comportamiento o su obediencia es la causa de que vosotros os apiadéis o no de ellos para vivir con vosotros o no (comida, pieles, objetos de artesanía, etc.). Esto es muy cruel, pero es cierto que es una ley natural que vosotros le habéis puesto a lo largo de vuestro plano terrenal y a lo largo de toda la historia del hombre en vuestra vida a los animales. Aquella expresión tan verosímil de «Ojos que no ven, corazón que no siente» no solo se admite hacia el dolor de los seres vivo, sino a todos los conceptos de la vida, como comer, vestir, trabajar, o ser bienaventurados en todo, pasando por la religión, la política, etc., etc.

Mujer: ¿Y de qué quieres que nos alimentemos?, ¿de hierba como las ovejas?

CON: No estaría mal, pero sois omnívoros y vuestro sistema digestivo está hecho para comer verdura y carne.

Mujer: Y a esto, ¿qué dice el budismo?

CON: Apuestan por una alimentación natural, pero entienden y comprenden que somos omnívoros, desde la aparición del ser humano, e incluso antes al ser homínidos, que comían carne. No se puede obligar a nadie a ser vegetariano, es una cuestión de principios unitarios voluntarios, eres tú quien decide tu forma de alimentarte, pero ten en cuenta todo lo que te he dicho sobre los animales.

Mujer: Entonces, ¿el budismo es una ley de reencarnación justa que permite elegir que elijamos nuestra vida?

CON: En cierta forma sí. La reencarnación budista permite que una persona elija cuál será el próximo vientre materno del que naceréis según vuestras acciones. La reencarnación budista fue, y es, el primer concepto que se tuvo acerca de la reencarnación y generalmente este es el que más suele extrañar a las personas, ya que no solo es difícil de entender, sino que también es muy difícil de explicar. Ahora bien, en el caso de vuestra reencarnación, el budismo dice: «Debéis decidir qué ciclo abarcáis», pues hay unos seis estados de la existencia, aproximadamente, los cuales deben ser atravesados por todos aquellos seres dotados de sensibilidad que tengan que cumplir con una ley kármica por errores cometidos, y esto incluye a los animales. Estos estados son: los dioses, o como se les podría llamar, seres elementales, los humanos, los animales, los fantasmas, los habitantes del infierno, etc. Lo invisible, o lo que llamáis alma, tiene la posibilidad de lograr su despertar espiritual liberándose de la rueda de reencarnación. Como te he explicado ya, la teoría de la reencarnación budista asegura que una persona puede decidir si quiere volver a nacer luego de su muerte o quedarse en una especie de limbo dentro del universo eternamente, pero, como te digo, otras veces el universo obliga casi a la fuerza a reencarnase, sin oposición, hasta que él decida, aunque esto no suele ocurrir, ya que todos deseamos evolucionar hacia algo mejor. Hay almas que temen tanto volverse a reencarnar, porque realmente en su vida anterior lo han pasado tan mal, terroríficamente mal, que desean tener un descanso de x tiempo para recapacitar. La reencarnación budista implica una carga o castigo, ya que el renacimiento se percibe como una desgracia, por eso los budistas piensan que en el momento de la muerte se determinará el carácter que se tenga en la próxima reencarnación. Esta es la explicación por la cual las muertes budistas siempre deben ser adecuadas y representan uno de los momentos fundamentales de esta filosofía, ya que, según dicen, la reencarnación budista permite que una persona elija cuál será el próximo vientre materno del que nacerá. Según el *Libro tibetano de los muertos*, la reencarnación se explica como un paso de unos cuatro días entre la muerte de una persona y su próximo nacimiento. Esto es una teoría, como bien sabes, de que los altos monjes budistas tienen la posibilidad de elegir cuál será su próxima reencarnación, como así también pueden elegir dejar de reencarnarse, siempre y cuando lleven una vida acorde a sus votos, por x tiempo).

Mujer: O sea, que todo, en resumidas cuentas o como conclusión, se debe a la acción de nuestro libre albedrío.

CON: Por fin lo has entendido, ahora bien, una de las principales características que tiene la reencarnación budista, a diferencia de las demás teorías de reencarnación, es que cabe la posibilidad de que quien se reencarna lo pueda hacer en dos o más cuerpos. Por ejemplo, el espíritu, que para el budismo representa el principio vital, se reencarna en un cuerpo, mientras que el alma y la sabiduría en dos diferentes, pero todo es una teoría. Ahora bien, si a una persona la muerte la sorprende sin que la misma haya cumplido con su misión en la Tierra, en la próxima vida tendrán que hacerlo, ya que no se pueden dejar asuntos pendientes en ningún estado, lo cual también es toda una teoría. Teniendo en cuenta este parámetro, según la reencarnación budista, a una persona nunca le debe importar la condición física de cada ser, sin importar que la misma interfiera con sus capacidades, ya que lo más importante es esforzarse al máximo para conseguir un desarrollo espiritual pleno y de todo desarrollo, para poder pensar que hoy somos un producto de lo que fuimos anteriormente y mañana no se sabe. Créeme, por algo somos el fruto de lo que sembramos. Y a tu pregunta de si depende de ese ser que haya disfrutado del libre albedrío para hacer daño o no, básicamente, el convencimiento que poseen los seguidores de esta doctrina es que, si no se obra en consecuencia de una vida a otra, la carga que poseerá el karma debido al comportamiento negativo provocará que la persona se encarne en seres inferiores al ser humano, como son los animales o plantas, y, como te he aclarado, en su renacimiento son «inocentes».

Mujer: En líneas generales, toda noción de reencarnación conocida coincide en la idea de que el alma de un ser, entre comillas, fallecido puede volver a vivir en otro cuerpo.

CON: Sí, como ya te dicho y te repito una y otra vez hasta que te aclares, porque creo que te repito mucho.

Mujer: Quizá me paso en enunciar tanto lo de la reencarnación porque quiero estar segura de entenderlo bien, sin ningún cabo suelto, porque para mí es importante, ya que me darías pistas de quién soy realmente y qué debo corregir en mi vida.

CON: Está bien, pero te explico por última vez que este concepto que tiene el budismo dentro de su fe religiosa se considera positivamente si el alma migra a una especie más evolucionada o negativamente si lo hace a una especie inferior. Se supone que el alma humana no retrocede jamás, pues es una ley involutiva, y puede, por ejemplo, volver al mundo sensible en forma animal o vegetal, pero estas acciones que hay en el universo no pasan desapercibidas y por narices, como decís vosotros, es una ley de cajón. En definitiva, un alma o espíritu tiene la capacidad, una vez que ha abandonado su cuerpo, de elegir según su deuda kármica su otra vida, pero aquí no vale si uno quiere o no, pues la ley del universo natural o kármica le obligará y ya le puede gustar o no, le obliga a elegir; solo en extremo puede descansar x tiempo y, en el caso de que su alma o espíritu este, por decirlo así, en rebeldía, son sus actos de causa y efecto lo que le llevará a encarnarse en lo que él hizo o dejó de hacer; de esta manera, el mecanismo universal de causa-efecto se relaciona directamente con las acciones cumplidas de su vida. Eso hace que el renacimiento, según el budismo, no se convierta en una meta deseada, en un anhelo: toda la ruta espiritual está concebida para que cada persona pueda liberarse de una eternidad tanto de causas como de efectos eternamente. Todo esto te lo explico porque me has preguntado si vuestra alma o el ser humano puede reencarnarse en un animal como castigo a sus actuaciones, y la respuesta es sí, pero también tienes que entender que los animales espiritualmente están por encima de vosotros.

Mujer: Entonces, sería hasta un regalo volver a ser animal.

CON: Todo depende de cómo lo entiendas, cómo lo veas o cómo lo comprendas; como ya te he contado, depende de tus acciones anteriores, así puede ser maravilloso reencarnarse en un animal o ser una «comida» en la naturaleza o para tu plato.

Mujer: ¿Cómo saber si he acertado en mi reencarnación?

CON: Porque los animales, como te expliqué, tienen una conciencia espiritualizada y comprensible superior a la vuestra, vosotros no.

Mujer: ¿Ellos saben que sufren?, ¿acaso ellos saben ese concepto?

CON: Te dije que sí; te contestaré fríamente: todos los animales tienen sentimientos, que lamentablemente muchos humanos carecen de ellos; así como en los humanos, en el informe de una autopsia se puede confirmar con igualdad: murió de ira, esa ira fue la causante de una cadena de reacciones químicas que desencadenó una cascada de daños que terminaron causando un paro cardíaco; lo mismo, es exactamente lo que sucede con un animal, que se deprime o se entristece, esto inicia procesos químicos y biológicos que hacen que su sistema inmune caiga y cualquier enfermedad oportunista le afecte, generando más daños que terminan en la muerte, en el sacrificio en los mataderos. Y sobre lo de que los animales sienten, es muy importante, ya que se trata de negociar su supervivencia en un mundo dominado por vosotros, los seres humanos, con frecuencia abusivos, y en el que no sois más que peones de vuestros esfuerzos incesantes y obsesivos por controlar toda vida para vuestro beneficio, no para el beneficio de ellos, y, por lo tanto, se debe escuchar, y con fuerza, las voces de los animales, los inocentes, pues no son objetos insensibles, son vuestros seres por igual, solo que con distinta apariencia e idioma.

Mujer: Entonces, ¿rendiremos cuentas por la forma en que los tratamos?

CON: Este es un tema delicado y frecuente en los debates que hacéis, y en los que nunca llegáis a ningún acuerdo, acabando siempre aquellos que tienen animales a favor de las emociones y los que no los tienen en contra, pero es que, además, se añaden los problemas de definición del concepto para la comida, porque aquellos que no tienen una postura clara suelen abogar por el que depende del tipo de emociones que se tenga o se hable, si son básicas (primarias o «instintivas», «la carne» o si son avanzadas), dependiendo del tipo de animal; por ejemplo, los primates u otras especies evolucionadas tienen emociones o sentimientos semejantes a los vuestros. Quienes practicáis la caza, lo hacéis por la emoción que produce capturar una presa. Pero otras personas no pensáis así, para quienes matar y comer animales es «sencillamente inmoral».

Mujer: Hasta aquí te entiendo, pero nos han enseñado lo contrario, porque según la Biblia, Jesús amaba a los animales, y más a los corderos, pero en su nombre, en Navidad, se sacrifican miles de inocentes corderos.

CON: Los animales fueron hechos del polvo como los seres humanos, según dicen, y tienen la amplitud de la vida, como vosotros, pero vuestro «Dios humano», no la conciencia, hizo al hombre y la mujer a su imagen y semejanza, que se supone que fue así, y les confió la responsabilidad de supervisar, proteger y disfrutar del resto de su creación. «Entonces dijo Dios: "Hagamos al hombre a nuestra imagen y semejanza, y tenga dominio sobre los peces del mar, las aves del cielo, el ganado, y en toda la tierra, y sobre todo animales que se desplaza sobre sobre ella"». Creó pues así al hombre a su imagen y semejanza y a la mujer, cómo no, de la costilla del hombre, y este dios los bendijo y les dijo: «Sed fecundos y multiplicaos, llenad la tierra; sojuzgarla y tened dominio sobre ella»; dijo además: «He aquí que os he dado toda planta que da semilla de todo árbol cuyo fruto lleva semilla; ellos os servirán de alimento, y a todo animal que se desplaza sobre la tierra, en que haya vida, toda planta les servirá de alimento», y así fue; tomó pues este dios al hombre y lo puso en el jardín del Edén para que lo guardase. Según esa Biblia, no creó a los animales con la capacidad de elegir el bien o el mal o tener sentimientos, solamente a los seres humanos se les dio esa capacidad de razonar con el plan de salvación, esto se diseñó solo para vosotros, no para los animales ni para la naturaleza. Puesto que los animales no pueden razonar, como dijo él, ese dios, ni tomar decisiones morales, ellos no han sido incluidos en la salvación eterna que Dios ha ofrecido en la Tierra y en ese paraíso; es más, te digo que, si alguien hace esa observación, que el único ser vivo creado a imagen y semejanza fuera el hombre, podría hacer pensar que el nivel de su alma es superior al nivel del alma de los animales o de los seres que pertenecen al reino vegetal. En cuanto a que el ser humano, vosotros, tenéis un alma, te lo he explicado ya: no hay duda de que es un hecho real; en cuanto a los demás seres vivientes, algo puso ese que llamáis Dios inconscientemente dentro de ellos, pero no lo llamáis alma, según la Biblia les permite vivir, disfrutar a su manera de la existencia, multiplicarse y expresar sus estados de ánimo o las distintas reacciones que se originan dentro de ellos, pero no perdonarles para su salvación eterna, según dijo Dios.

Mujer: Entonces, realmente, todo lo que me has explicado de los animales, según la Biblia, no tienen alma, por eso, si nos reencarnamos en ello, sería como un castigo.

CON: Otra vez pareces un loro repitiéndote lo de que los animales no tienen alma; si fuera así, el mundo estaría lleno de animales y el ser humano, vosotros, ya habríais desaparecido de la faz de la Tierra. Eso, como te digo y te he explicado, es una conjetura de vuestra inmadurez al creer ser como ese que llamáis Dios; solo por vuestra imaginación poderosa y ansiosa de poder, de dominio absoluto, lo creáis así. Lo cierto es que todos sois más felices pensando que un animal no siente nada, de hecho os sirve de excusa para maltratarlos y masacrarlos, y, por cierto, los animales, como te he dicho y te lo vuelvo a repetir hasta la saciedad: SÍ sienten, SÍ sufren, SÍ padecen, SÍ tienen emociones y tienen alma y SÍ tienen espíritu y conciencia, etc. ¿Por qué os empeñáis en tratarlos como objetos?

Mujer: Entonces los animales, al tener conciencia, como me has hablado, en una reencarnación de humanos a animal, que es una realidad, significa, por lo tanto, que entienden el sufrimiento, lo cual ya me lo has repetido; esto pasa cuando un animal es cazado por otro animal para ser comido, lo cual es una paradoja, pues padecemos lo mismo, sufrimos, etc., ya que me has explicado hasta la saciedad que nuestro mayor miedo es sentir sufrimiento y este sufrimiento es un error de nuestra existencia y es de lo que habla el budismo, de entender o en cierto punto de no controlar el sufrimiento, sino aceptarlo, por lo tanto, los animales sienten y padecen lo mismo que nosotros el sufrimiento.

CON: Lo has entendido bien y por fin. Algunas veces eres un poco dura de mollera, no es malo, pero tozuda sí eres. Eso es un paso muy importante, el de entender que los animales son parte de la existencia y quizá más que vosotros, pues no solo lo sienten, también son muy conscientes de ello, pero ellos no por sentir hacen un drama como vosotros, al contrario, lo sienten como algo natural, espontáneo, que la naturaleza les da para sobrevivir y sí lloran, y mucho, y sí sufren, y mucho, y sí se dan cuenta, y mucho, etc. Pero como te he dicho, no hacen un drama consistorial mitocondrial como vosotros. Todos, o casi todos, amáis a los animales, compartís con ellos el mismo misterio por la vida, pero vuestra relación con ellos es compleja y ambigua, tenéis muchos asuntos que resolver en vuestras sociedades antes que amar a los animales, ya que la cuestión animal se ha convertido en un problema, que muchas veces, por no decir siempre, no es muy bien entendido, pues atañe directamente a vuestra supervivencia; ya no se trata solo de la pérdida de diversidad y belleza, sino del desequilibrio de todo vuestro ecosistema según vuestro comportamiento. No estoy siendo extremista acerca del no comer carne para no hacerles sufrir, NO, soy consciente de que vosotros necesitáis la carne para sobrevivir, pero hasta aquí, deberíais replantearos qué estáis haciendo mal para entender que los animales sufren y son conscientes de ello y además los necesitáis para sobrevivir, es pura paradoja, pero es así. Hoy día, tenéis fórmulas de investigación para que vuestra forma de alimentaros sea menos agresiva, la de no matar; yo, personalmente, me estilo por una mediocridad consciente, es decir, se puede matar mientras sea para alimentarse uno, no para la masificación de carne, para el exterminio o, todo lo contrario, la abundancia excesiva, como las macrogranjas. Los científicos, así como los médicos y los nutricionistas, recomiendan que, si haces una forma de comer consciente, que sea sin relativo daño a los animales. Los pescetarianos son el grupo de personas que no consume carne roja ni blanca pero sí pescado, así de sencillo. Esto no quiere decir que se alimenten solo a base de pescado. Los pescetarianos comen una amplia variedad de alimentos vegetales, verduras, frutas, legumbres, así como lácteos, huevos y miel, o lo que es lo mismo, *ovolactevegetarianosflexirianos*. Así acabaríais con una superpoblación alimenticia y, por consiguiente, con el sufrimiento y la contaminación por los gases que producen las vacas o los cerdos. Sé que te suena a papilla remasticada, pero es una realidad que tenéis que aceptar, que sois muy carnívoros, devoradores de carne, que estáis acrecentando el sufrimiento de los animales con el vuestro propio, los «cuerpos obesos».

Mujer: Entonces, debemos de ser conscientes tanto del sufrimiento animal como del consumo excesivo de carne y de lo que nos acarrea hacia ellos. Si los animales fueran lo contrario, si ellos fueran los carnívoros que nos comiesen, ¿qué pensarían de nosotros, de si tenemos o no consciencia de ello? Esto sería, en cierta forma, catastrófico porque no podríamos alimentarnos.

CON: No estoy siendo extremista acerca del no comer carne para no hacerles de sufrir, pero esto sería lo ideal.

Mujer: ¿Qué me propones?, ¿una dieta vegana y que comamos hierbas?

CON: No estaría mal, al fin y al cabo, sois omnívoros y vuestro cuerpo está preparado para ello, pero esa no es la cuestión, pues acabaríais enfermos siendo vegetarianos o veganos, pues necesitáis la vitamina B12 para sobrevivir, aunque hoy día hay productos que pueden suplir esa vitamina. Te comento: vuestro cuerpo, cuando dejáis de comer carne, automáticamente dejáis de meteros a vuestro sistema inmune las hormonas del estrés que los animales producen de camino al matadero. Esto puede ser una gran diferencia en vuestro ánimo y en la estabilidad de vuestras emociones, ya que os alteran mucho esas hormonas del estrés. Vivirías mejor y más sanos durante más años, pero como te digo, hay que ser consciente y no ser mediocre, sin ser hipócrita, y decir: ¿basta a la matanza de animales y no como más carne? Eso no, como te he dicho, sois omnívoros y lo necesitáis. Ahora mismo, vuestra generación presente no está preparada para ese tránsito, lo tenéis que hacer poco a poco; con las generaciones futuras sin carne, vuestro cuerpo se modificaría para ser vegetariano casi en su totalidad, pero esto es a un futuro muy largo.

Mujer: Lo entiendo y lo comparto, sé que me puede costar, pero podría aceptarlo, pero quiero hacerte otra pregunta: ¿qué diferencia hay entre la compasión y la empatía?

CON: Me saltas por la tangente y me preguntas algo que ya te he respondido una y otra vez. Los animales sienten y padecen, eres tú quien debes tener empatía por ellos y ponerte en su lugar, pero ojo, el exceso de empatía os lleva a los ecologistas y a los amantes de los animales y de la vida natural a desequilibrar la propia naturaleza con vuestra forma de controlarlo todo, tanto del exceso de especies como de la exterminación de ellas. Eso sería la empatía negligente. La empatía no es solo comprender, sino también ponerse en su piel y sentir lo que ese ser está viviendo en ciertas situaciones. Tristemente, todos los seres vivos de este planeta, incluyéndoos a vosotros, los humanos, sois seres sintientes, seres que poseen necesidades, al igual que los animales. A lo largo de la historia, han sido objeto de violencia, negligencia, indiferencia, malos tratos, etc. los qué están enjaulados de por vida y a los que obligáis a golpes o por la violencia de entretenimientos en circos o peleas, etc. Como persona, tú realmente deberías ponerte en el lugar de ellos con una pregunta explicativa sencilla: ¿me he sensibilizado y esto me llevará a buscar alguna forma, por sencilla que sea, de ayudar para que ese otro ser vivo no siga sufriendo o experimentando lo que le está causando tanto dolor?

Mujer: Aclarado todo este tema, puedo decirte que me solidarizo con tu explicación.

CON: Creo que no del todo, me queda por rematarte una frase que resume por qué los animales sufren y tienen karma natural y vosotros os reencarnáis por obligación, por vuestra propia negligencia, como ya te he dicho alguna vez, y no es un castigo, sino para que aprendáis de vuestros errores, pero eso solo os concierne a vosotros y no a los animales. Pobre de vosotros, humanos, si los animales tuvieran la capacidad de hablar, pensar y comunicarse con vosotros, pues no tendríais agujero en la Tierra para protegeros de su conciencia.

Mujer: ¿Y me dices que no eres extremista?

CON: En absoluto, solo objetiva.

Mujer: Todo tiene un principio por preguntar, aunque tú sueles repetir mucho ciertos objetivos para que yo los entienda bien, pero creo que preferiría que fueras más comedida en tus explicaciones para poderlas entender mejor.

CON: No puedes recriminarme nada, ya que he sido complaciente contigo en explicarte lo que quieras que te explique, solo que matizo mucho ciertos temas, como un mantra, para que los entiendas, ya que he visto que eres inteligente, pero a veces torpe de entender, y no es una ofensa, solo un concepto de ti.

Mujer: Pues bien, si lo quieres así, te preguntaré por temas fuera del karma o más o menos, pero con el objetivo de encontrar la verdad.

CON: ¿Qué quieres saber?

Mujer: Si todo lo de la reencarnación es un hecho y los animales son los que nos dan la vida para entender el sufrimiento, entonces, ¿el infierno es nuestra vida mortal y el paraíso la reencarnación?

CON: Aclaremos varios temas, pues me preguntas por el infierno. En su momento te lo expliqué y tú lo has dicho mejor que yo: es vuestra vida mortal, vuestro sufrimiento físico y vuestros deseos..., en definitiva, lo que sois, simplemente carne, pero con la chispa de la vida en vuestro interior. Te explico: el infierno es una representación de vuestro miedo escénico a la vida real, pero sobre todo a la muerte. Las grandes religiones que habéis creado, que bien os representan, hacen el buen papel de buena gente hacia los malos, los que ejercitan su opresión en las mentes más débiles, pero el verdadero infierno es el concretado y comprado con vuestro comportamiento moral hacia todo lo que tenga vida, pero en especial a vosotros mismos, engrandeciendo vuestro ego más avaricioso, que os domina vuestro lado más avaricioso, el bien del mal, nublando vuestro juicio. El diablo de este infierno vuestro no es más que la proyección externa de vuestra apariencia física, de esa manera, cuando soléis miraros en un espejo, a veces os preguntáis quiénes sois; de esa manera, ese demonio puede llegar a dominaros y a atormentaros hasta mataros, si uno lo desea. Sin embargo, la vida de ese demonio solo existe como se alimenta, por vuestro pensamientos negativos, fijaciones obsesivas, ofuscaciones o apegos a lo material, a lo que llamáis vulgarmente, como te he dicho, sufrimiento. Ese es vuestro demonio y, como te apunto, vuestro sufrimiento. Quizás también merece la pena reflexionar hasta qué punto vuestras enfermedades físicas se sostienen solamente por vuestros hábitos negativos, esa energía negativa de vuestros pensamientos, quizá por un karma débil, lo cual se agrava con la genética ancestral de vuestros antepasados, convirtiéndose en una vida físicamente débil, enferma y deforme. En definitiva, el infierno no es más que la frustración de vuestros objetivos hacia las cosas materiales, que es el aquí y ahora de vuestra vida, y el cielo o la recompensa es vuestro karma a superar. Pero ese paraíso al que haces alusión no es más que la tranquilidad de hacer lo correcto en vuestra vida cotidiana, sin hacer daño a nadie, a nadie, remarco, a nadie, ni siquiera a vosotros mismos, consiguiendo así el objetivo más hermoso que el hombre posee en su interior, que es encontrar la sencillez y, por lo tanto, la paz interior, o lo que es lo mismo y como vosotros lo llamáis, la tal ansiada sencillez.

Mujer: Vaya, entonces, ¿como encontrar esa sencillez para desterrar a ese demonio de nuestras vidas?

CON: Deberías preguntarte primero qué es la felicidad para ti, que alude a uno de los nuevos conceptos de la nueva y futura filosofía-religiosa.

Mujer: ¿Una nueva religión?

CON: Sí, pero primero lo primero, te explico en pocas palabras lo que es esa sencillez que deberíais construir para erradicar ese demonio que tenéis como posesión y que os hace de sufrir. La palabra sencillez se utiliza para hacer mención de una cualidad de un concepto característico del ser humano, que tiene que ver con el interés por las cosas, los objetos, las sensaciones y las situaciones simples. En este sentido, la sencillez es entendida como humildad, ya que es aquello que hacéis como individuos centrados, vamos, como decís, con los pies en la tierra, y con pocas pretensiones de grandiosidad o grandilocuencia. No hay nada más bello que la sencillez: la sencillez de un gesto o de una palabra amable, la sencillez del alma, la sencillez de una sonrisa o de una lágrima, la sencillez de ver el mundo que nos rodea con un corazón abierto pero sincero... La sencillez es una cualidad de la simplicidad característica de la mente y no se la puede juzgar por sus apariencias. Es una integración, una estabilidad, un equilibrio, una sinceridad, una pureza mental... Muchas veces se expresa mediante un estilo de vida: una dieta equilibrada, una rutina más ordenada, un uso más inteligente del tiempo, menos desorden, menos caos económico, menos compromisos..., en otras palabras, una vida «sencilla y equilibrada». Las «cosas o los conceptos» son importante en vuestra cultura, ya que acumuláis gran material de posesiones innecesario a lo largo de vuestras vidas, que os ahoga en una responsabilidad que muchas veces, por no decir siempre, os hace fracasar como personas en un caótico mundo creado solo para poseer posesiones dictadas por vosotros y para vosotros. Vivir de una forma sencilla sé que no es fácil, ya que vuestra sociedad no está preparada para vivir así, no con poco ni con mucho, estáis acostumbrados a tenerlo todo, sin carecer de nada y vivir con lo necesario sería como vivir en la Edad Media; tener lo justo no es una costumbre, debería ser un reto, un deber para la sociedad. Una vida sencilla no es solamente material, sino también que vuestra psicología pudiese estar más equilibrada y serena, por lo tanto, sería una armonía perfecta y así, de esta manera, tendríais posibilidad de dar la vuelta a vuestro sufrimiento. Es lo que te repetí sobre el Óctuple Sendero de la filosofía budista. La sencillez es la conciencia que llama a las personas a replantearse sus valores cotidianos.

Mujer: Entonces, ¿sería la clave para una posible reencarnación consciente?

CON: Más o menos, pero ten en cuenta que no solo es un comportamiento, es que sientas que lo estás haciendo, y así se convertiría en una costumbre organizada que te llevará casi, no del todo, pero casi, a erradicar o por lo menos comprender el sufrimiento. En definitiva, para que lo entiendas bien, la sencillez empieza por una renuncia..., no por una renuncia al valor de las cosas o al placer de las cosas, sino una renuncia a la posesión de las cosas innecesarias.

Mujer: Bien, ahora, ¿qué eso de la nueva religión?

CON: ¿Te interesa más eso cuando te cuesta entender el origen del sufrimiento y su abolición?

Mujer: Bueno, sé que tienes razón, pero me has intrigado.

CON: No tiene mucho misterio. Como ya te dije sobre la religión, esta es un estado de necesidad del hombre de creer en algo, pero también te digo que en la nueva religión, como la llamas tú, nadie en su sano juicio ha visto a Dios, salvo que tú me llamas Dios, ni nadie ha hablado con él, salvo algunos enfermos mentales, no significa que tú lo estés, de los que hubo muchos entre los santos y santas. Si hablas con Dios, eres religioso, pero si Dios te habla, eres un psicópata. Dios es una fantasía que nació el día en que un chamán del Pleistoceno dominó el fuego y ritualizó algunos comportamientos humanos. La religión apareció para fortalecer aquellos procedimientos, dijo que era el representante de Dios. Mucha gente no cree que el hombre haya llegado a la luna, pero creen en un Dios omnipotente, o en su caso algunas personas en una mujer, que no han visto nunca, pero sí creen en ello. La religión vive de la falta de conocimientos científicos, de la escasa cultura, del condicionamiento infantil en los colegios religiosos, de la debilidad de muchas mentes confusas. ¿Cómo alguien puede creer en Adán y Eva, en el arca de Noé, en la resurrección de Lázaro, en el nacimiento de Jesús con la intervención del Espíritu Santo? ¿Cómo se puede creer que Dios ha hecho andar a un paralítico en Lourdes y mientras tanto ha permitido que cinco mil niños se mueran cada día de hambre por guerras, esclavitud o enfermedades...? Todas las guerras más terribles o matanzas han tenido un trasfondo religioso detrás. Las religiones se han enfrentado en terribles matanzas para defender «su verdad». Las teorías modernas nos aseguran que el universo surgió de la nada, sin una causa aparente. En un punto de singularidad de la nada, se produjo el *Big Bang* y tras complejos pasos, aparecieron las galaxias, estrellas y planetas, es decir, el universo que percibís, un cuarto por ciento es azar y el resto es materia y energía oscura... Antes del *Big Bang* no existía nada, no había nada, ni espacio, ni tiempo, ni energía, ni materia. Y estos nos lleva a inquietantes interrogantes: ¿cómo de la nada puede surgir algo? ¿Qué hay más allá de la nada? ¿Dónde estaba ubicada esa nada? Y, como te dije, todo parte del centro de la matriz del universo, pero dónde está y cómo se creó; nadie tiene la respuesta, solo se tiene la teoría de que es en otra dimensión, al igual que la ciencia no puede demostrar que Dios no existe, pero puede revelar todo el tortuoso camino de nuestra evolución en el que muchos aspectos bíblicos se convierten en historias inexistentes y cuentos infantilizados. Ante las aplastantes pruebas físicas de la ciencia, a la Iglesia, que tampoco puede demostrar que Dios existe, solo le queda la fuerza de la fe. «Lo que es, existe o puede existir», entre comillas. De toda la naturaleza viva en la que creéis, os preguntáis tanto por vuestro origen como por vuestro destino, así como por el sentido de vuestra existencia... Depende de vosotros en primer lugar y después en la conciencia. ¿Quiénes sois?, ¿de dónde venís?, ¿cuál es el sentido de la existencia?, ¿desaparecerá alguna vez la humanidad?, etc., demostrando que, según la época que se suscitéis los acontecimientos, dais lugar a creer o no y como te he explicado hasta la saciedad, Dios no existe más allá de lo que creasteis vosotros, por eso te he dicho y me dirijo a ti como Dios sin ser Dios. Todas las religiones del mundo, y como te he explicado porque tú me llamas Dios, aun con apariencia de mujer, pero soy tu conciencia, dicen que esos dioses/as, fuera cual fuera el nombre que le pusierais al que creasteis, es una falacia de vuestra propia lengua, los dioses/as en el tiempo y en las culturas se fueron transformando adaptándose a las necesidades de cada época, creando tanto mitos como creencias. Así apareció el concepto de la religión, o religiones, hasta nuestros días. Aunque todo creador en las diferentes culturas tiene diferentes nombres, tienen algo que los asemeja: creer en algo, en ese dios que no existe o que existe, en cierta forma, en vuestra mente.

Mujer: Pero ¿existes o no?, aunque me dejaste claro el término conciencia, como me dijiste.

CON: ¡Claro que existe!, pero no como crees que es, solo está en vuestra mente, pero si lo entiendes más empíricamente, está entre tu conciencia y tu alma o espíritu, está en el limbo de ti mismo, o sea, dentro de ti o, más bien, tú eres dios (tu conciencia) en una mente hecha a vuestra imagen y semejanza. También te he explique que la conciencia mana en el universo, por decirlo así, es la conexión con la matriz universal, es el centro de vuestro universo, está en el centro de vosotros. Sois el creador de las circunstancias de vuestra vida y el sentimiento es el lenguaje con el que os comunicáis con esa matriz universal. Los pensamientos crean vuestros sentimientos y a través de los sentimientos creáis vuestra realidad, por lo tanto, estáis creando vuestra realidad constantemente. «Si estáis conscientes por definición, estáis creando», por lo tanto, la realidad solo puede existir donde vuestra mente crea un centro; esto no es nada más que la matriz de la conciencia, vosotros organizasteis ese tinglado. La religión nació así misma de unos pocos hombres con una mentalidad débil que creían realmente que ellos venían de ese dios creador y se autoproclamaron hijos de Dios, desde el culto al sol al culto a los infiernos; también sugirieron la idea de que ese dios o dioses vinieron del espacio (Anunnakis, Amuz, Horus, Mitra, Krishna, Odín, Jesús...). Si tienes en cuenta estos escritos, podríamos decir que no sois más que ganado de esos dioses o de Dios (hombre/mujer). Pero si no salís de los cánones de la religión y no aceptarais la ciencia, tendréis páginas y páginas y páginas acerca del origen de Dios y no llegarías a ninguna parte de lo que está escrito o dicho en esas religiones. Porque no veis y solo vais a lo seguro y a lo cómodo, a creer lo que los demás os digan.

Mujer: Y el sentimiento religioso y ese centro de la matriz del que tanto hablas, ¿dónde están?

CON: Pobre de ti, inocente tonta, aún no te has dado cuenta de que ese centro eres tú, está en ti la matriz, tú eres esa matriz, tú eres la energía del universo que crece en el universo... Y a tu segunda pregunta, el sentimiento religioso es conflictivo: un ser divino crea y controla el mundo, o eso es lo que él cree, por lo tanto, el individuo gana una sensación de confort y cierto poder a través de la veneración y la confianza que pone en creer en ese dios/es. Sin embargo, los devotos también se sienten «atemorizados» por ese poder que ejerce el ser omnipotente y posiblemente omnisciente. La idea del ser todopoderoso ejerce una presión sobre los devotos, los creyentes, ejerciendo de esta forma un súper control social, pues de otra forma sería imposible conseguir manipular al hombre. Los sacrificios, las oraciones, los festivales de culto... sirven para que la gente se sienta más cercana a ese ser divino y sentirse más protegidos y guiados por la sociedad. En muchas religiones, ese dios o el divino poder es considerado la principal guía para la conducta ética, moral y más profundamente «política» como ley y orden; esto ocurre en los países musulmanes, sin mencionar ninguno. Por lo tanto, las prohibiciones van dirigidas a cada uno de los individuos, diezmándolos psicológicamente para que obedezcan.

Mujer: La Iglesia, la política y el dinero, ¿para qué?

CON: La Iglesia, la política y el dinero son tres conceptos distintos, pero con un solo fin verdadero, «es el reino de Dios en el que nadie responde por nadie», más que a esos tres conceptos de poder. La principal función de una religión es la de dar a conocer qué hay como verdadero y falso en el universo, en el más allá, en los cielos o en el infierno, o que existe un dios único o dioses.

Mujer: La verdad es que cada vez estoy más convencida de que todo depende de nuestra conciencia. Pero me has hablado de una nueva religión cuando tú objetas sobre esto, como me has explicado.

CON: Tienes sed de conocer, sí, pero no es una religión, es una forma de ver, otro punto de vista, la creencia en algo, y se llamará *diviniciencia*. Te voy a explicar: es la forma de un principio filosófico-budista con principios de lo que Spinoza explicó de que Dios fue una sustancia que creó el universo de la naturaleza de la vida. Spinoza no fue un tonto y creía que lo físico y el alma eran la misma persona, la sustancia de Dios, pero no es así. En el budismo no cabe más que la palabra de un dios, es un concepto de sufrimiento, y el sufrimiento es el origen de todo sentido de la vida. El cosmos puede ser una gran red neuronal, es un fenómeno fisicoquímico que no puede modelarse, pues vivimos dentro de una red masiva que gobierna todo lo que nos rodea. En otras palabras, existe la «posibilidad de que todo el universo en su nivel más profundo sea una red neuronal» (viva-material). Por lo tanto, el origen de universo tiene un sentimiento-pensamiento de algo o de un todo que unió el calor de un sentimiento para crear un pensamiento y esto dio forma al universo, lo que posiblemente pueda llamarse *Big Bang*, como te he dicho, o la creación de un algo, de Dios quizá. Esto es un sentimiento de dolor y, por tanto, de sufrimiento. Todo está en movimiento porque tiene un principio y un final, y viceversa continuamente. Ahora bien, cuál es el origen de ese sentimiento. Personalmente, creo que tiene que ver con un número matemático que dio origen a crear partículas vivientes-físicas para crear todo lo tangible en el universo y este aún sigue creciendo; te lo resumo en una frase: «El universo es un feto embrionario que aún no ha nacido», y cuando nazca, no habrá materia, seremos un todo entre un todo, o sea, algo que se sabe que existe, pero no se ve, «quizá seamos un sentimiento dentro de un pensamiento». Que aprendamos de ello. La nueva religión tratará de esto, se sabrá que el origen de Dios, como lo llamáis, posiblemente fuera como te digo un sentimiento, porque todo está sujeto, entre comillas, a algo, es matemáticamente dicho y escrito o casualmente creado, o lo que es lo mismo, VUESTRA CONCIENCIA, y no puesta por nadie, ya que la conciencia tiene vida material de fuerza vivas, y unida a este sentimiento dio origen al sufrimiento creado en el universo como el origen del todo. Por eso te hablo como una mujer como

Dios, para que puedas entender este concepto. La muerte no es más que la integración del cuerpo y espíritu llamado conciencia en el universo, parecido a lo que los cristianos dicen de «polvo eres y en polvo te convertirás». La nueva visión de la religión posiblemente es, o mejor dicho, será, una mezcla de vieja teoría filosófica de Spinoza con la filosofía del budismo.

Mujer: ¿Quién fue Spinoza?

CON: Un filósofo adelantado a su tiempo, pero deja que termine y te explico. Con esta ciencia existencial, puede que creáis en una divinidad-científica, a la que podríais ponerle un nombre, *diviniciencia* o *diviniconciencia*, acerca de creer en el origen de Dios. Ciencia y religión se encuentran necesariamente enfrentadas, pero no exentas de razón la una de la otra, puesto que ambas persiguen el mismo fin: la búsqueda y entendimiento de la verdad.

Mujer: Pero ¿cuál es el sentido real de esa religión, o como se llame? ¿Y quién era ese Spinoza?

CON: Todo a su tiempo. Diviniciencia o diviniconciencia, y no conciencia divina, que es diferente, en el sentido de que busca el estado de conciencia en el que vive el hombre, que determina la felicidad o desdicha que conoce durante su estancia en la Tierra, o sea, es el estudio de las verdades divinas dentro de ellas mismas, en otras palabra, habla de la divinidad de la creación. Es una ley de cajón, es una expresión para determinar una regla que entra de forma obvia y natural, es la que encaja en un caso dado y concreto. Y a tu pregunta de quién era Spinoza, te lo explicaré para que veas la similitud de lo que él creía, acercándose bastante, que era el verdadero dios. El filósofo Baruch Spinoza nació en el 1632 en Ámsterdam; hijo de una familia judía, a los 24 años fue expulsado y excomulgado por sus ideas transgresoras sobre Dios, el alma y la religión. Por sus creencias, creó una teoría filosófica que se convirtió en uno de los referentes religiosos que más han influido en el pensamiento occidental desde el siglo XVII. Muchos científicos han considerado que la creencia en una entidad superior supone un modo poco realista de explicar la realidad.

La realidad según este pensador

Las ideas defendidas por Spinoza se basaban en la idea de que la realidad está formada por una única sustancia divina. Y dicha sustancia no es otra cosa que Dios, entidad infinitamente infinita y con múltiples propiedades y dimensiones de las cuales solo podemos conocer una parte de ellas. De este modo, pensamiento y materia son solo dimensiones expresadas de dicha sustancia o modos, y todo aquello que nos rodea, incluso nosotros mismos, son partes que conforman lo divino de igual forma. Spinoza creía que el alma no es algo exclusivo de la mente humana, sino que lo impregna todo: piedras, árboles, paisajes, etc. Así, desde el punto de vista de este filósofo, lo que solemos atribuir a lo extracorporal y lo divino es la misma cosa que lo material; no forman parte de unas lógicas paralelas. Dios es conceptualizado no como ente personal y personificado que dirige la existencia externamente a ella, sino como el conjunto de todo lo existente, que se expresa tanto en la extensión como en el pensamiento. Dicho de otro modo, se considera que Dios es la propia realidad, que se expresa a través de la naturaleza. Esta sería una de las formas particulares en que Dios se expresa. El Dios de Spinoza no daría una finalidad al mundo, sino que este es una parte de él. Se le considera naturaleza naturante, es decir, lo que es y da origen a diferentes modos o naturalezas naturadas, tales como el pensamiento o la materia. En síntesis, para Spinoza, Dios es todo y fuera de él no existe nada. En otras palabras, Dios existe en todas las cosa vivas y es la sustancia de la vida, la que creó a Dios, y Dios creó la sustancia de la vida en la forma de pensamiento y este va unido a la sustancia de Dios, en otras palabras más sencillas, el cuerpo y el alma son la sustancia y van unidas porque fueron creadas a sí mismas por Dios. Hasta ahí bien, pero, como te he explicado, Dios no es una sustancia ni se creó a sí misma, Dios no existe, solo es una idea de un concepto que está dentro de nosotros, en nuestra conciencia, y es el sufrimiento su causa más notable. Y como te comenté, el universo es nuestro centro y ese centro está en nosotros; ese centro es una mezcla de lo que te comenté al principio (un 25 % de pura química, un 25 % de pura matemática, un 25 % de azar y un 25 % de libre albedrío). Como verás, esa es la pura realidad del origen de Dios y esa nueva religión será una nueva filosofía, diviniciencia-diviniconciencia, y sus atributos o conceptos serán basados en sus sentimientos dentro de sus pensamientos partiendo del concepto del sufrimiento. Sus reglas principales son bien sencillas:

1. **Sensibilidad**
   Contando con lo que nos rodea, vida y muerte.
2. **Sencillez**

No competir por lo que uno no puede tener y conformarse con lo que uno pueda adquirir, sin hacer daño a nadie ni a nada (tener lo justo, ni más ni menos).

3. **Responsabilidad**

Ser consciente de lo que uno hace y de lo que le hacen, y aceptar las cosa tal y como vienen, las buenas y las malas: no enmascarar una acción buena o mala para su propio beneficio.

4. **Respeto**

Haz el bien y te dará satisfacción, haz el mal y sufrirás sus consecuencias en tus remordimientos: «la teoría de las cuatro reglas de la filosofía del sufrimiento» (físicamente, moralmente, psicológicamente y conocimiento); respetar incluso la ferocidad de la maldad, pues por alguna razón entre en tu vida y has de mirarla como una prueba y no como castigo.

5. **Ciencia y no mitología**

Entra más en contacto con la naturaleza y aprende de ella, incluso para sobrevivir; cree más en un concepto de ellos: matemáticas, filosofía y en la tecnología positiva, no la destructiva: armas, sexo, drogas, etc.

Si miras desde el punto filosófico conjunto (-*ismo*, unir), estas eran las cinco leyes en la Prehistoria ancestral, cuando aún el hombre, como ya he explicado, miraba más hacia el concepto de la naturaleza que al hombre en sí mismo. Pregúntate el porqué de las cosas en el mundo del poder. Si puedes apreciar el milagro que encierra una sola flor, tu vida entera cambiará; si encuentras satisfacción en una sonrisa, apréciala; si te refresca una gota de agua de lluvia, mójate, etc. Valorar los pequeños detalles es otra de las claves de la felicidad y de la comprensión. El mundo está lleno de cosas extraordinarias que a veces no sois capaces de ver a primera vista. Aprender a apreciar los pequeños detalles os va a cambiar la vida. Además, hay que estar agradecido con lo que tenéis porque, igual que la flor, es en la sencillez donde nos sentimos a gusto. Llena tu mente con compasión. Aunque para Buda la mente de uno mismo es el motor de la filosofía-religión, cultivar un modo de vida bueno supone mostrar actitudes apropiadas hacia otras formas de vida. La compasión es una de ellas. En definitiva, es más un aprendizaje de tus defectos para convertirlos en virtudes.

Mujer: Entonces, ¿es una filosofía científica más que una religión?

CON: Sí. Como ya te he dicho, es una forma de ver, expresar, comprender y conocer el origen de todo en la ciencia y no en la divinidad esotérica. La nueva religión tratará de esto, se sabrá que el origen de Dios posiblemente fuera como digo, quizá un sentimiento (porque todo está sujeto entre comillas), es matemáticamente dicho y escrito o casualmente creado, o lo que es lo mismo, NUESTRA CONCIENCIA, que ya hasta la saciedad te lo he repetido, y no puesta por nadie, ya que, si la conciencia tiene vida material de fuerza vivas, unido a este sentimiento dio origen al sufrimiento creado en el universo como el origen del todo. La muerte no es más que la integración del cuerpo y espíritu, llamado conciencia en el universo.

Mujer: ¿De la mano de quién vendrá esa nueva filosofía religiosa? ¿Y por qué sabes que vendrá? ¿Acaso eres adivina o vidente?, aunque ya creo de todo viniendo de ti.

CON: Me estás provocando y porfías de mí.

Mujer: No, pero mi curiosidad me lleva a plantearme esa posibilidad después de todo lo que me has explicado sobre el sufrimiento, los animales, el karma, etc. A estas alturas, quiero conocer.

CON: Bueno, esa es tu opinión. ¿Acaso quieres que me marche? Te dejaré con la incógnita y con el saber de otro concepto fuera de tu compresión.

Mujer: No, la curiosidad me puede más.
CON: Controla esa exagerada imaginación, porque hasta ahora lo que te he explicado es tan acertado que debes aceptarlo como real.

Mujer: Te pido disculpas y acepto tus explicaciones.

CON: Acepto, pero ten en cuenta que lo que te voy a explicar no es como adivina, sino de sentido común. No es una filosofía religiosa como te he dicho, es una filosofía científica, una diviniciencia-diviniconciencia.

Mujer: Vale, pero ¿cuándo, cómo de quién será?

CON: Puedo garantizarte al 80 % de quién será, ya que hasta ahora, siempre y en todas las religiones, han sido hombres, pero esta vez no, ya que entra de cajón que toque a una mujer, y por qué no, porque en las décadas posteriores las mujeres cobrarán un papel muy importante en la sociedad y en las culturas del hombre, porque serán ellas quienes pongan orden en esa sociedad patriarcal, pero también te digo que morirán muchísimas de estas mujeres luchadoras antes de que se defina la igualdad de género, porque, en definitiva, el hombre no estará por la labor de dejar su patriarcado machista en manos de debiluchas mujeres, madres o esposas. Como te he dicho, ese cambio de mentalidad hará que el ser humano sea más humano de verdad y, por lo tanto, veremos otra forma de ver el mundo, veremos realmente cómo es y lo que se habrá hecho con él, por entonces destruido, aunque no estaremos en una posición de exigir nada a la naturaleza, pues esta reaccionará y puede que nos permita vivir en conjunto con ella, no todo estará perdido, pero sí muy dañado. Las predicaciones de ciertos personajes de la historia aluden a sus sueños, en el sentido de que las de Nostradamus eran por las drogas que tomaba y Baba Vanga aludía a su miedo a no poder valerse por sí misma a causa de su ceguera... Y si yo vaticino o predigo no es por gusto para hacerme rica o famosa, es porque, como ya te he dicho, entra de cajón, por los ojos, que se presagia un futuro aterrador, «el conocer el futuro te da la oportunidad de cambiarlo a mejor».

Mujer: Una mujer… ¿Y cómo será, de dónde vendrá, quién es? Cuéntame. Me estás vaticinando el futuro.

CON: Calma, vaticinar el futuro te lo dejo a ti; yo solo hablo de lo que tú quieres oír, en cierto sentido, y es encontrar una lógica natural, y aunque fuera así, ¿te da miedo?

Mujer: No, es curiosidad.

CON: Pues será una mujer humilde pero sabia, recta pero inteligente, libre pero sacrificada, será frágil físicamente pero moralmente excepcional de fuerza, no tendrá suficientes estudios pero tendrá una inteligencia superior a cualquier mortal, con un concepto de responsabilidad y obligación hacia la naturaleza muy alto, y con él conocimiento de que todo es sufrimiento, para seccionarlo en armonía. Aparecerá de la nada, vendrá del fuego y del agua, vendrá de la tierra roja, será de una ciudad inmensa y grande bajo las estrella oscuras y brillantes, y todo el mundo la reconocerá, puede que sea una madre cariñosa o una esposa compañera, pero será una mujer quien ponga orden en «el nuevo mundo antiguo»; su voz será suave y plausiva y todo el mundo la entenderá. Tendrá como base una vieja creencia filosófica budista, o sea, una diviniciencia-diviniconciencia. Esto ocurrirá cuando la vieja Tierra nos dé una buena sacudida en el trasero y entonces reaccionaremos. Aún faltan algunos cientos de cientos de años para que esto ocurra y no será de ningún salvador divino o el anticristo. Pero lo cierto es que será una mujer quien ponga fin a la desigualdad, al terror, al miedo y a la avaricia del hombre... Traerá cordura, sanidad mental, equilibrio y responsabilidad. No habrá símbolos ni nombres ni deidades, solo un concepto de actuación como imagen hacia el universo.

Mujer: Vaya, será alguien excepcional. ¿Y cómo nos tendremos que dirigir hacia ella?

CON: De la forma más sencilla, «madre», ya que su fuerza de palabras moverá montañas.

Mujer: ¿Crees que puedo llegar a conocerla?

CON: Depende de tus acciones que puedas reencarnarte en el tiempo de ella.

Mujer: ¿Cómo puedo pedir ya el estar allí?

CON: Yo no puedo ayudarte en ese sentido, solo puedo decirte que puedes pedir orar conscientemente desde el corazón, una oración científica, y según tu reencarnación, puedes estar ahí o no. Es tu centro, tu energía (el corazón), esa energía que tenemos en ese campo electromagnético que más o menos puede llegar a alcanzar de un metro a metro y medio de distancia a nuestro alrededor, de nuestro cuerpo, para atraer todo lo bueno que pueda pasarte y convertirlo en energía pura, para la futura reencarnación que tú elijas y estar en la época de ella.

Mujer: ¿Qué es una oración científica?

CON: En las religiones antiguas de origen oriental, nos hablan de los centros energéticos, los famosos chacras. Hay tres centros energéticos superiores y tres inferiores; los superiores son los del pensamiento y los inferiores son los de las emociones, pero hay un tercero, que es el centro del corazón, donde tenemos esa electricidad y el campo electromagnético, las emociones, y cuando ambos se unen, van al corazón y así se genera una frecuencia, que es la del pensamiento y con la emoción acá, este chacra del corazón irradia esa vibración electromagnética, que es entendida por una fuerza, a la que llamáis comúnmente Dios, o sea, la conciencia, pero es mejor llamarla campo cuántico o mente divina o la matriz universal. Son diferentes nombres, pero todos con un significado igual; de hecho los científicos no se han puesto todavía de acuerdo para unificar un único nombre para ese campo, salvo que ellos lo llaman campo inteligente, campo que responde a esa comunicación que responde al sentir de nosotros, o sea, lo que nosotros pensamos, y lo juntamos con la emoción, es decir, el sentimiento, en otras palabras, una oración científica.

Mujer: Entonces, orar de forma científica, ¿en qué consiste?, ¿es dar gracias como si mi plegaria ya hubiese sido escuchada?, ¿esa es la clave? Pero eso es paganismo y va en contra de lo que me has dicho sobre el budismo y el sufrimiento.

CON: Quizá tengas razón, pero es una forma de orar más consciente que os permite vuestra mente, como te he dicho. Normalmente oramos pidiendo y si nos fijamos, cuando yo pido, «No tengo trabajo, estoy muy angustiado, dame trabajo...», ¿qué sentimientos estoy radiando? Miedo y angustia, ya que estoy concentrado en lo que no quiero y varias veces he dicho en que hay que poner la atención en lo que quiero como si ya lo tuviera, aunque sea una paradoja. Al universo no le importa el lenguaje que tú crees que él entiende; la vibración del sentimiento de ese campo electromagnético, que sale de tu corazón, es lo que el universo escucha. Básicamente, después lo visualiza y genera un sentimiento como si ya tuvieras en tus manos eso que has pedido, y en ese momento se agradece, esa es una plegaria científica. Y si te fijas, es lo opuesto a la oración que normalmente hacéis, que va desde la necesidad a la súplica... Aquí utilizáis la auténtica fe, es el secreto de la atracción y todos esos secretos funcionan por fe, la fe de creer en esa energía. En teoría, es sentir el sentimiento de eso que se desea y se hace la plegaria a la energía, al universo o a la divinidad (la matriz universal) que se crea tener; es, en definitiva, agradecer como si ya lo tuvieras, esa es la clave de la oración cuantificada.

Mujer: Es como una especie de rezo.

CON: No confundas. Como ya te he dicho, una cosa es una oración científica electromagnética, otra es como un mantra y otra es un rezo hacia un ser determinado, Dios o dioses; son cosas diferentes, pero en cierta forma van emparejadas, porque se trata en definitiva de tener fe y sentimientos que pones tú por dentro, es decir, en tu corazón, y esto, como ya te he explicado, es pura energía, pura y pura energía, y eso es lo que utiliza el universo para, en cierta forma, concederte lo que deseas. Tú estás creando tu propio poder para realizar tus sueños, pero ojo, porque también depende de lo que pidas; si pides algo negativo, se volverá contra ti y con creces, o si eso que ya se te ha concedido lo usas para el mal y hacer daño, mejor que te escondas debajo de la cama, porque eso es un efecto de causa contraproducente que luego lo pagas en tu reencarnación, o sea, tu karma.

Mujer: Entonces, ¿cómo pido?

CON: Como ya te lo he repetido, con fe y con convención de lo que deseas, con tu energía electromagnética, es decir, tu corazón, pero sin olvidar que ese corazón está regido por tu conciencia, o lo que es lo mismo, como me estás llamando a mí, Dios-conciencia. Sin esa paradoja del uno con el otro no funciona, pues es lo que manda en este mundo y por lo que, en cierta forma, se rige el universo.

Mujer: Aclarado esto, te resumo lo que me has enseñado. Que el significado de la oración científica son los sentimientos que habitualmente albergamos en el pensamiento, que constituyen el origen de nuestras acciones, los que crean las circunstancias de nuestra vida. La oración científica se basa en la comprensión de esta verdad y en la aplicación de las fuerzas universales de la creación.

CON: Magnífico.

Mujer: Pero ¿qué dice la ciencia sobre la oración?
CON: Se ha constatado que la oración produce cambios significativos en la evolución de la enfermedad, de la mente o, lo que lo mismo, la sinología, hasta tal punto que repetir una plegaria ayuda a la relajación, como un canto alegórico al alma, como un mantra, pero con emoción; esta reduce la presión arterial y los ritmos metabólicos, cardíacos y respiratorios, es como hacer yoga pero con la mente, de hecho, un mantra bien hecho puede llegar a relajar tanto que beneficia a los sentimientos y os hace más tranquilos y cuerdos y pensáis mejor.

Mujer: ¿Y qué pasa en el cerebro cuando oramos?

CON: Aparentemente, cuando oráis o rezáis o meditáis, vuestro cerebro se renueva, hasta se hace más fuerte y grande. También se ha encontrado que la corteza cerebral de las personas que meditan u oran con frecuencia es más gruesa que la de las que no lo hacen, eso es una protección en vuestra conciencia de forma no solo cerebral, sino psicológicamente fresca y lozana.

Mujer: Me has explicado todo un misterio increíble y fascinante. Se pensaba que solo con rezar era suficiente y no, entonces toda la vida de nuestro mundo de los que hemos hecho lo mismo, rezar, no ha servido para nada, es más, nos hemos estado engañando a nosotros mismos.

CON: ¿De dónde crees que vienen los milagros?, ¿de distintos dioses o de la divinidad del ser humano? No, sino por esa fe energética, y no porque un determinado señor al que llamáis Dios en las distintas religiones y lenguas haya hecho un montón de milagros, sino que son ellos mismos los que se curan, con la fe puesta en alguien o en una imagen.

Mujer: ¿Puedo hacerte una pregunta?

CON: Dime y si puedo te respondo.

Mujer: Si es la fe la que en cierta forma mueve montañas, por decirlo así, ¿qué pasaría si la humanidad no desea ser humana?

CON: ¿A dónde quieres llegar?

Mujer: ¿Qué es la palabra humanidad y para qué sirve?

CON: Haces unas preguntas redundantes, pero intentaré responder a tu pregunta qué es la humanidad. En el concepto de humanización, o sea, la acción de encontrar un equilibrio entre lo que tú deseas, lo que debes hacer y lo que es, es el modo supuestamente propio que tenéis de comportaros, para el bien y para el mal, en definitiva, el conjunto de disciplinas que giran en torno a vosotros.

Mujer: No, eso ya lo sé, no me has entendido o yo no me he explicado bien. ¿Qué significa humanidad, ser humano, tener un carácter humano o muy humano, o un deceso humano, o lo que es lo mismo, ser solidario, caritativo, digno, cercano, afectuoso, etc.? ¿qué es humanizar, mejor dicho, humanizar a la humanidad?

CON: Joder, ya empiezas a entender muchos conceptos, porque me está costando mucho el que entiendas, y a tu pregunta de humanizar, mejor dicho, humanizar a la humanidad, al ser humano, no es tarea fácil o, mejor dicho, no es complicado, pero podríamos decir que es explicable a medias, por lo menos hoy día en vuestra sociedad, ya que se necesitan nuevas generaciones, nuevas mentalidades, para entenderlo, que hayan nacido en el contexto humano-pacifista-lógico o con una comprensión avanzada, pero por desgracia, hoy por hoy, no existe más que en teorías, y como te he explicado, cuando eso ocurra, aparecerá esa nueva filosofía-religiosa-científica que os cambiará a otro nivel de pensamiento, más que en los libros de ciencia ficción, una humanidad humana. No es como digo fácil de explicar. Vuestros hijos ya nacen con el aprendizaje de la tecnología desde su concepción y eso les abarca a la perdición auditiva, visual y sensorial al intentar humanizar al hombre, pero es lo contrario, es una deshumanización colectiva. El hecho es que ya tenemos encima esa deshumanización, no tenéis que ir muy lejos, a otro planeta, para ver que el nuestro está en piloto automático, hace ya tiempo, hacia un drástico cambio súbito, un exterminio masivo y total, y una maxicivilización de autoconsumo de engorde de poder. Hace muchos años atrás no se les daba tanta importancia a los valores y mucho menos a los sentimientos de los seres humanos. Esto quiere decir que en ese tiempo probablemente ni se pensaba en los derechos humanos ¿Te imaginas vivir de esa forma aún en nuestros días?

Mujer: Pues no, sería apocalíptico.

CON: Por desgracia, no vas desencaminada, al ritmo que vais, no tardando mucho llegareis al exterminio total de vuestra propia especie. Hace tiempo leíste un libro de Silo, Mario Luis Rodríguez Cobos, *Humanizar a la Tierra*, y te gustó.
Mujer: Sí, me encantó.

CON: Te diste cuenta de que podía haber todavía esperanzas, ya que, gracias al movimiento de este hombre que dijo: «que con menos es más y que se puede vivir de una forma tanto ordenada como lógica», te hizo cambiar de opinión sobre el ser humano.

Mujer: Sí.

CON: Esto no es un concepto de él solo, también entra en la filosofía budista, solo que este hombre lo explicó de forma sencilla y entendible.

Mujer: Sí y muchísimo, me di cuenta de la importancia que tiene vivir, como me has dicho, con sencillez y pensé que, en esta sociedad, valdría la pena tener esperanza de que las cosas cambiasen, y la verdad es que NO y no, vamos a lo contrario, a un exterminio de la raza; por una parte es natural porque la Tierra cambia cada milenio, pero mucho se debe a que estamos acelerando esa destrucción nosotros con nuestra actitud de progreso inteligente, injustificado.

CON: Estoy de acuerdo contigo, al ritmo que vais, no habrá sentido de humanizar nada. Vosotros, los humanos, necesitáis un cambio de mentalidad como el comer y ya mismo. No pretendo regañarte, solo a aquellos que no cumplen su propio objetivo en la vida. Los libros no solo cumplen su misión, servir para leer, sino también para escuchar a los buenos oradores. Cierto que para aquellas personas que hayan tenido la oportunidad a lo largo de la historia de tener contacto o haberlos oído en persona es un privilegio y a ti te pasó al escucharme y saber que no estoy borracha ni loca, sino cuerda y lógica. Habéis olvidado lo que es ser humanos, los sentimientos, el verdadero amor, el trabajo, el estar vivo... Al igual que lo que se consume, se compra o se vende, en cierta forma, es un sedante contrapuesto para los que se visten de éticos morales, que se comprometen con la ética concienciada de ser o no ser humano. Zygmunt Bauman habló de «los conceptos de la modernidad líquida» en una sociedad ambientada en los modelos de tecnologías contraproducentes, móviles, coches, ordenadores, juegos virtuales, etc., de amor líquido, para definir el actual momento de la historia en el que las realidades sólidas de nuestros abuelos ya no existen, como el trabajo, el matrimonio para toda la vida, proteger la vida..., los cuales se han desvanecido y han dado paso a un mundo más precario, provisional, ansioso de novedades y con frecuencia agotadoras, de conocimientos banales...

Mujer: La vida se está volviendo incierta y permanentemente amenazada por la sombra del futuro y su velocidad es mucho más rápida que la capacidad de imaginarla. Entonces, ¿cómo podemos deshumanizar a la humanidad?

CON: Hay muchas propuestas y fórmulas, así como conceptos, para hacer efectiva una humanización, pero este apaño o parche provisional llega de nuestra conciencia; para esto se necesitan muchas generaciones para hacerla realidad, y está más cerca de lo que pensáis, no tenéis más que mirar a vuestro alrededor para daros cuenta de que las cosas no están como queréis. Por ejemplo, el amor o el matrimonio es una institución bastante frágil o infinitamente débil, por eso no hay que tomar casi al pie de la letra eso de decir «para siempre o hasta que la muerte nos separe»; si lo miras desde el punto práctico, ese amor eterno no existe entre vosotros porque sois por naturaleza polígamos, ya que en esta sociedad nada es permanente. Otra es el alimento, pues coméis por mera ansiedad, o consumís objetos sin ningún valor aparente solo por tenerlo (arte de garrapiñadas), o vuestra actitud con los animales y el medio ambiente es despreciable... Te sigo contando, vamos hacia un sinfín de caracteres sin ningún valor ético o moral.

Mujer: Sí, Silos tenía razón. Nos estamos destruyendo sin ninguna razón aparente y sin sentido, más allá del egoísmo o de la envidia. Solo quedarán protestas y protestas y protestas por todo, pero principalmente por un estado de bienestar que queremos a toda costa, que en cierta forma yo soy parte de esto por desgracia y quiero lo mejor para los míos, pero la diferencia es que espero que se me oiga, se me escuche y se me entienda.

CON: Eres perseverante, pero recuerda que sin trabajo y esfuerzo no hay resultados.

Mujer: Hay muchas cuestiones que quiero seguir preguntándote, aunque cada vez estás aclarando más mis dudas, pero aun así me gusta conocer más y más.

CON: Pues bien, ¿qué quiere esa cabecita ronroneante?

Mujer: Que me aclares el sentido de los conceptos de los pecados capitales, su significado y esas virtudes en cierta forma que no pintan más que la palabra moral.

CON: Es un tema peliagudo, largo, discutido y quizá no muy bien entendido, pero haré lo posible. Ante todo, tienes que tener claro que el primer pecado del hombre es la sed de deseo. Todo empezó porque ciertos homínidos, con la escasez de comida en algunos puntos del planeta en aquellos tiempos de los grandes cambios terrestres, tenían que buscar nuevos territorios de caza (comida), pero cuando llegaban ya había otros homínidos en sus propias tierras, y así empezó el concepto de pecados, el deseo de conquista, tener, tener y tener, en otras palabras, el deseo, hasta hoy. El deseo es la acción y efecto de desear (anhelar, sentir, apetecer, aspirar a algo...). Es la consecuencia final de la emoción inducida en el origen de la avaricia y con el consejo de la envidia, es la cadena de la causas y efectos, a la que le corresponde la siguiente correspondencia: emoción →

sentimiento → deseo. A cada deseo le precede un sentimiento; se puede decir que al deseo sexual le precede un sentimiento de atracción, por lo tanto, las normas actuales hacen imposible que esta frase sea de uso cotidiano, sobre todo por el miedo al rechazo. No obstante, el deseo sexual o de otro tipo y su satisfacción forman parte de la naturaleza humana a la que llamáis lujuria. Otro debate es si el pecado original es el primer pecado que existió y si se convirtió en un estado adquirido y no un acto cometido. Cuando la serpiente engaña a Eva para que ella y Adán coman del fruto prohibido, que, según la tradición, es una manzana, dicho acto es conocido universalmente como «el pecado original». Como resultado de una desobediencia, es decir, al consumir un fruto del árbol del conocimiento del bien y del mal, son así los primeros seres humanos expulsados por Dios del paraíso; de esta manera, apareció como deseo en sí mismo y el pecado original es reseñado por la Biblia cristiana como un acto o estado que se adquiere desde el nacimiento, ya que es un acto que se ha cometido en la concepción. Ese estado de culpa que recae sobre vuestra concepción humana lo lleváis con vosotros como una maldición, como algo sucio de la persona, y solo puede liberarse si se acepta la redención como salvación. Vamos, toda una maniobra orquestada por «ese pecadito», pues si lo miras bien, no es un pecado, sino un concepto de supervivencia en el que ellos tomaron una manzana, pero Dios les avisó de que era el fruto del bien y del mal y que no lo comieran. Ahora bien, hoy día es una resaca de desear pecados, es puro deseo de anhelos, cosas materiales, animales y personas..., pero lo más importante es que se ha convertido en un estilo de vida cómodo para vosotros: políticamente, dinero, armas, drogas, aniquilación absoluta de la naturaleza..., en definitiva, es un pecado nacido de la supervivencia.

Mujer: ¿A qué precede realmente?

CON: A una pulsión que os inclina irremediablemente hacia un objetivo irracional, o quizá una necesidad interna a elegir deliberadamente una negociación de la racionalidad mediante el extremo de todo. Para el budismo, el deseo es la causa del sufrimiento y su aniquilación es el secreto de la felicidad para otros. Podéis decir que es una causa-efecto o del deseo del sufrimiento y su aniquilación a través de la filosofía, de no renunciar a las cosas, sino de renunciar al deseo de tenerlas como propias. Es autodestructivo para las personas que intentan poseer el poder a través de la manipulación psicológica o por la fuerza. En resumen, es un impuso irracional de la mente perturbada, como todo cimiento de avaricia y de envidia, vamos, el resultado del conocimiento en sí mismo del dolor.

Mujer: Entonces, ¿estamos obligados a renunciar al deseo para liberarnos del sufrimiento?

CON: No necesariamente, ya que, desde que eres concebido, ya estás sufriendo, pues lo hace tu madre y, por lo tanto, su sufrimiento pasa a ti en el vientre materno. Lo puedes mirar desde el punto de vista objetivo de que ya estás cometiendo un pecado.

Mujer: Entonces, ¿cuándo podemos decir que estamos libres de ese pecadito, como dice la Iglesia?

CON: El ser humano no vino a este mundo con un manual insertado bajo el brazo, más que en su conciencia en el recuerdo de sus ocasiones de su karma, pero al llevarlo a cabo, escogéis elecciones libres y arrendáis vuestra responsabilidad hacia unos sufrimientos innecesarios. En ese manual «virtual» de sentimientos, que está compuesto de acuerdos y valores, para llevarlos a cabo, liberáis el sufrimiento emocional causado por nuestra sociedad de consumo. Todo es bueno y todo es malo, salvo el del corazón, que juzga vuestros sentimientos y estos, vuestros pensamientos. El silencio de los valores son aquellos conceptos que no os dais cuenta de que existen o que están ocultos en vuestro comportamiento cotidiano, que implica en muchas ocasiones el no aceptar las normas como manual de comportamientos equilibrados y os olvidáis de todo lo aprendido. Son conceptos curiosos y olvidados. La definición de la moralidad, a vuestro entender, es aquella escala ética y moral que el individuo posee a la hora de actuar; se relaciona estrechamente con la educación que cada uno ha recibido desde pequeño. Esta es la que nos ayuda a discernir lo bueno de lo malo, lo blanco de lo negro, lo oscuro de la luz... y con la que, consecuentemente, fijáis los valores de cada uno de vosotros; por ejemplo, si desde niños vuestros padres os dicen que ayudar es bueno pero robar es malo, sabréis en el interior de vuestra conciencia que, si tomáis algo que no es vuestro, estaréis cometiendo un delito. El valor de la moralidad es lo que os hace distinguir en vuestra conciencia lo que está bien de lo que está mal, coexistiendo como vuestro deber, la responsabilidad personal con lo que deseáis ser o hacer. La ética para vosotros reflexiona sobre la conducta, propiamente dicha, y además estudia sobre los valores que podéis distinguir entre dos tipos de ética: la formal, que define un criterio meramente formal que os permite decir si una conducta es buena o mala, y el material, que presenta un objeto, propiedad o estado de las cosas como un bien supremo. Los principios éticos son; voluntad, acción, valor de racionalidad, utilidad y la moral. En definitiva, la ética estudia la moral y determina qué es lo bueno y lo malo y cómo se debe actuar. Es la teoría o ciencia del comportamiento. La moral es un conjunto de conductas y convivencias, íntimamente ligadas a la ética. En definitiva, ambas están separadas, pero son a la vez un conjunto único que necesitáis moralmente-tácticamente-socialmente, comportarse rectamente, «virtuosamente posible», vamos, que es el último concepto del óctuple sendero del budismo.

Mujer: Esto está muy bien explicado, pero esos acuerdos morales o de las virtudes, ¿dónde se quedan?

CON: Bueno, eso es otra cosa, son el patrimonio moral del hombre. Ello os ayuda a comportaros bien, como te he dicho antes, en todas las circunstancias, es decir, a hacerle tanto bueno, en el sentido más verdadero y completo, como puro a alguien o convertirlo en malo. Ningún hombre nace bueno o malo, ni con pecado ni sin pecado, ni médico o artesano..., pero de la naturaleza recibe la capacidad para llegar a serlo. Y el deber de ser virtuosos, es decir, buenos en el sentido auténtico, debe ser un empeño de todos, porque todos deben buscar mejorar moralmente. No existe otra posibilidad: o se hace uno mejor o se hace peor. Esto significa que o se adquieren esos conceptos de virtudes u os abandonáis a los vicios. Si eliges el bien, mejoras; en caso contrario, empeoras. Por ejemplo, quien elige ser mesurado en la mesa, hoy, mañana... se hace sobrio y libre ante la glotonería de la comida. Por el contrario, quien es desordenado, hoy, mañana y pasado mañana, lo será siempre, se hace vicioso y esclavo de los impulsos del momento, a lo que se llama gumía o gula. El hombre virtuoso es una persona verdaderamente libre, pues, como ya te expliqué, el libre albedrío está en vuestra naturaleza, porque se os ha regalado ese concepto por ser seres vivos. La adquisición de las virtudes es el único camino para ser verdaderamente libres, maduros, dueños de vuestras propias acciones. No es un paralelismo, es un conjunto dentro tanto de la doctrina cristiana como del budismo; ambos están a la par de esos conceptos y no viene mal escucharlo. La virtud es un ejemplo de unos pocos a seguir, pero moral, social, civilizada y económicamente es muy barato, no os cuesta más que aprender y aceptarlas. Vivís en una época de confusión ideológica y de caos de poder, de paradojas, tecnológica y socialmente inestable..., con lo cual el intentar aprender y conocer, así como seguir un patrón de conceptos de las virtudes, es hoy día un imposible si no cambiáis de mentalidad, moralmente hablando, la vida actual no compensa con lo que uno desea, porque hoy día todo depende del dinero para realizar la comodidad sencilla de vuestra vida.

Mujer: Pero ¿cuáles son esas virtudes que proclamas como acuerdos?

CON: Se reagrupan en torno a cuatro virtudes fundamentales llamadas fijas, que son la prudencia, la justicia, la fortaleza y la templanza.

1. **La prudencia** es la virtud que nos dispone para comprender en todas circunstancias lo que hay que hacer.
2. **La justicia** es la que firma los propósitos de dar a cada uno lo que le es debido y se merece.
3. **La fortaleza** es la constancia para alcanzar el bien y la capacidad de superar los obstáculos que a ello se oponen.
4. **La templanza** es el pleno dominio de sí mismo que nos pone en condición de no dejarnos vencer por los placeres de los sentidos. Es la virtud moral que regula la atracción por los placeres y procura el equilibrio en el uso y disfrute de los bienes creados. Asegura el dominio de la voluntad sobre los instintos y mantiene los deseos en los límites de la solidaridad.

Los acuerdos, para que los entiendas, son como las muñecas rusas, que dentro de ellas hay otra muñeca y sucesivamente otra, hasta llegar a la esencia. Sus objetivos son lograr entenderse a sí mismo y entender a los demás, ser felices sin ninguna influencia externa y conseguir el anhelado equilibrio interior que lleva a la felicidad. Pero esto todo tiene una ley fija: no hacer daño a nadie ni obligar a nadie a aceptarla si no lo desea, porque entonces se convertiría, más que en un pecado, en una traición a los verdaderos valores, como la humildad, y sería un error kármico de por vida. Ahora te explicaré lo que significa cada una de ellas, aunque sea largo y tendido.

Mujer: No tengo prisa, no voy a ninguna parte. ¿Y tú?

CON: Pues no, salvo que creas que me enrollo mucho en mis explicaciones.

Mujer: Bueno, quizá un poquito, pero está bien porque me permites tomar apuntes muy exactos de cosas interesantes.

CON: Bien, ¿por dónde íbamos?

Mujer: Por la explicación de los acuerdos.

CON: Ah, sí. Sigamos…

1. **Primer acuerdo: Prudencia**

   Si adoptamos el primer acuerdo y somos impecables con nuestras palabras, cualquier veneno emocional acabará por desaparecer de nuestra mente y dejaremos de transmitirlo en nuestras relaciones personales, incluso con nuestro perro o nuestro gato. La impecabilidad de tus palabras también te proporcionará inmunidad frente a cualquier persona. Cuando eres impecable con tus palabras, te sientes bien, eres feliz y estás en paz. Los tres acuerdos siguientes nacen, en realidad, del primero.

2. **Segundo acuerdo: Justicia**

   Suceda lo que suceda, no te tomes personalmente ciertos asuntos que no te incumban, pues tan pronto como estás de acuerdo, el veneno te recorre y te encuentra y te atrapa. El motivo de que estés atrapado es lo que se llama «la importancia personal». Tenéis la costumbre de tomaros todas las cosas de forma personal. Creéis que sois responsables de todo. ¡Yo, yo, yo y siempre yo! Cuando os tomáis personalmente lo que alguien os dice, por ejemplo, cuando alguien os insulta directamente, piensa que eso no tiene nada que ver contigo. Lo que esa persona dice, lo que hace y las opiniones que expresa responden a los acuerdos que ha establecido en su propia mente para dañar. Su punto de vista surge de toda la programación que recibió. Si alguien te da su opinión y te dice: «¡Oye, estás muy gordo!», no te lo tomes personalmente, porque la verdad es que se refiere a sus propios sentimientos, creencias y opiniones. Los demás tienen sus propias opiniones según su sistema de creencias, de modo que nada de lo que piensen de ti estará realmente relacionado contigo, sino con ellos. No te tomes nada personalmente porque, si lo haces, te expones a sufrir por nada.

3. **Tercer acuerdo: Templanza**

Siempre es mejor preguntar que hacer una suposición, porque las suposiciones crean sufrimiento. En cualquier tipo de relación, podemos suponer que los demás saben lo que pensamos y que no es necesario que digamos lo que queremos. Harán lo que queremos porque nos conocen muy bien. Si no hacen lo que deberían hacer, nos sentimos heridos, porque suponemos que la otra persona sabe lo que queremos. Hacemos todo tipo de suposiciones continuamente porque no tenemos el valor de preguntar. Nos hemos acostumbrado que hacer preguntas puede ser peligroso y que la gente que nos ama debería saber lo que queremos o cómo nos sentimos y suponemos que los demás piensan y sienten, juzgan y maltratan como nosotros lo hacemos. No supongas que todos ven la vida igual que tú. La manera de evitar las suposiciones es preguntar, aunque duela a alguien y puedas herir. Asegúrate de que las cosas te las expliquen claramente. Si no comprendes alguna, ten el valor de preguntar hasta clarificarlo todo lo posible, e incluso entonces, no supongas. Deja de hacer suposiciones. Te comunicarás con habilidad y claridad, libre de veneno emocional. Cuando ya no hagas suposiciones, tus palabras se volverán impecables.

4. **Cuarto acuerdo: Fortaleza**

Solo hay un acuerdo más, pero es el que te permite que los otros tres se conviertan en hábitos profundamente arraigados. El cuarto acuerdo se refiere a la realización de los tres primeros: haz siempre tu mejor esfuerzo. A medida que vayas adquiriendo el hábito de los cuatro nuevos acuerdos, tu rendimiento será mejor de lo que solía ser. Independientemente del resultado, sigue haciendo siempre tu máximo esfuerzo, ni más ni menos. Si intentas esforzarte demasiado para hacer más de lo que puedes, gastarás más energía de la necesaria y al final tu rendimiento no será suficiente. Cuando te excedes, agotas tu cuerpo y vas contra ti, y por consiguiente te resultará más difícil alcanzar tus objetivos. Por otro lado, si haces menos de lo que puedes hacer, te sometes a las frustraciones, juicios, culpas y reproches. No esperes a ser siempre impecable con tus palabras, a veces hay que ser rudo, pues tus hábitos rutinarios son demasiado débiles y están firmemente arraigados en tu mente y por eso te costará, por eso no esperes a tomarte las cosas personalmente como decepción; solo hazlo tú mismo, no esperes a que alguien te lo haga y no lo tomes como una suposición, solo como lo que es, un reto equilibrado.

Mujer: Me ha gustado la explicación, pero no es fácil poner en marcha esos acuerdos como virtudes.

CON: No lo es, pero date cuenta de una cosa, si vosotros los hombres supierais el futuro de vuestras vidas, ciertas cosas no las haríais y seríais perfectos y la perfección no existe, existe la ecuanimidad o la armonía ecuánime, o un caos dentro de un orden y un orden dentro de un caos, es decir, no podéis saber vuestro destino porque es parte del azar y ese azar es parte del destino, pero al mismo tiempo ese destino lo hacéis vosotros a través de vuestro libre albedrío. Una cosa es que busquéis el karma para mejorar vuestros errores y otra querer planear vuestro futuro a vuestro antojo. No, así no se juega, el universo no te da esa oportunidad, pero sí la oportunidad de corregir los errores; por eso el primer pecado del hombre fue la envidia, que radica en el deseo de tener, así como en la planificación de vuestra vida.

Mujer: Si la envidia fue el primer pecado, ¿cómo se creó?
CON: Una pregunta interesante. La envidia es el sentimiento de pensar ante el bien que posee otra persona, es decir, el desagrado o molestia producidos en alguien ante el bien ajeno. Procede del latín *invidia*, que deriva de *invidere* (*in-*, «hacia dentro» y *videre*, «ver»). Así, se asocia al «mal de ojo» y «mirar mal», por eso ese pecado está asociado al deseo, como te he dicho.

Cuando la envidia se generaliza como un rasgo de personalidad, la persona que la siente es llamada envidiosa. La envidia es considerada uno de los siete pecados capitales de la transición cristiana, pero indirectamente está asociada a todas las religiones y filosofías. Esto se debe a que la sola idea de que el otro tenga algo bueno genera sentimientos de aprehensión en el envidioso. El envidioso sabe que no le corresponde tener aquello o en realidad no le interesa tenerlo. Un ejemplo típico es cuando un niño rechaza o descarta un juguete, pero cuando lo toma su hermanito, intentará arrebatárselo. En el lenguaje coloquial, la palabra *pelusa* puede utilizarse como sinónimo de envidia. Por ejemplo: «Felipe tiene pelusa de su hermana pequeña». Otros términos relacionados, sin ser sinónimos, son: celos, rivalidad, resquemor, resentimiento, codicia... Algunos términos opuestos a la envidia podrían ser conformidad o indiferencia.

Mujer: Pero ¿qué la causa?

CON: Como llegue a explicarte en su momento, la envidia es parte de los brazos del cuerpo del deseo, de poseer un determinado bien o persona que otro posee, o simplemente el deseo de que el otro no lo tenga. Los celos tienen que ver con el miedo al remplazo o con la convicción de que la persona tiene más méritos que aquella que ha recibido un bien esperado. Por ejemplo: «Siento celos por el ascenso de David, ya que yo estoy más calificado». También está la envidia sana; de un modo coloquial, se habla de «envidia sana» para indicar que se desea algo de otra persona, pero sin pretender arrebatárselo o sin entristecerse por el hecho de que lo tenga. Se califica de «envidia sana» porque no genera sentimientos negativos hacia la otra persona y puede, de hecho, convivir con sentimientos de alegría ante el bien del otro. Por ejemplo: «Mi mejor amigo ha conseguido un empleo espectacular. Siento envidia sana: me alegro mucho por él y espero que algún día yo también lo consiga».

Mujer: Entonces, ¿tener algo de envidia es bueno?

CON: No exactamente, pero sí, la envidia es la antesala del deseo y, por lo tanto, son los celos, y eso no es bueno.

Mujer: Pero tú me has dicho que no implica.

CON: No exactamente, estos no implican directamente, pero indirectamente sí, son como decirte la tirita a la no felicidad, o sea, que tú causas una cosa sin querer y otro la recibe queriendo; en este sentido, la envidia provoca los celos y, por lo tanto, el deseo.

Mujer: Esto ya lo tengo, pero ¿qué pinta la felicidad en el deseo?

CON: Es el aliciente por excelencia del ser humano, la cumbre de todas sus desdichas, el final de su carrera, buscar la felicidad, pero hay que expresar primero para qué vive el hombre. ¿De dónde venimos? ¿Dónde vamos? Estas son dos de las grandes preguntas que se ha hecho el hombre a lo largo de la historia, pero hay otra más importante aún: ¿cómo podemos vivir felices? Coloquialmente, la felicidad es un «estado de grata satisfacción tanto espiritual como física». Estaríamos hablando capítulos y capítulos y capítulos acerca de qué nos hace felices, y no es fácil explicar esto, no llegaríamos a ninguna parte, porque la felicidad en sí misma es una paradoja, es preciso no poseer más de que lo que nos corresponde, ya que en la sociedad en la que vives hay muchos cuentos y herramientas para conseguir la felicidad de la nada. La felicidad es un concepto de muchos conceptos que, en resumidas cuentas, se unen para formar una unidad de tranquilidad, y ese es un factor de felicidad intransferible, eso es la felicidad, la tranquilidad y responder a ello. Son varios factores: uno de ellos es poner en orden los pensamientos y poner un poco de equilibrio a nuestro universo mental; otro es nuestro comportamiento diario, revirtiendo de manera directa en nuestra calidad de vida; otro es una mente lúcida a través de la filosofía, y quizá los más importante sean la paciencia, la bondad y, cómo no, el respeto. Esta definición encajaría bastante con la versión de Platón, ya que, para el filósofo griego, alumno de Sócrates, radica en que el crecimiento personal es fruto de la satisfacción conseguida a través tanto de pequeños detalles como de pequeños logros.

Mujer: Entonces, ¿la felicidad es eso?, ¿renunciar a cosas?

CON: Como te repito, que yo me repito más que unos callos, aspiramos a ser felices intentando descubrir qué es y cómo conseguirla. Sin embargo, cada persona posee una respuesta, así como una definición de felicidad diferente. Es precisamente esa disparidad de opiniones la cuestión tan trascendental en la existencia del ser humano, una de tantas razones para la aparición de la ética, y por lo tanto apareciendo a su vez el orden.

Mujer: Pero ¿en qué consiste realmente?

CON: Me da la sensación de que no quieres entenderlo o no me escuchas.

Mujer: No es eso, es que me gustaría que hubiera una fórmula mágica para ser feliz.

CON: Empieza por ti misma para entenderlo, que ya te lo he repetido. Ser feliz es cuestión de renunciar al deseo innecesario y aprender del óctuple sendero, no es una idea meramente filosófica errónea o de mero pasatiempo, de hecho, la imagen que tenemos de la felicidad en sí influye y mucho en nuestra actitud ante la vida, e incluso puede hacer que seamos más o menos felices de acuerdo a los cánones que tengamos en ese momento de nuestra vida; si es buena, seremos felices y si es mala, seremos caóticos. A grandes rasgos, se puede hacer referencia a tres grandes posturas que provienen de las grandes corrientes filosóficas, pero que se han popularizado y forman parte de las creencias de muchas personas en nuestra vida cotidiana:

1. **Escépticos:** son aquellos que están convencidos de que la felicidad no existe o es imposible alcanzarla, por lo que ni siquiera la buscan.
2. **Limitados:** son quienes afirman que no existe la felicidad, sino momentos felices, por lo que debemos darnos por satisfechos las pocas veces que esta toca a nuestra puerta (como la lotería).
3. **Optimistas:** son personas que piensan que sí existe la felicidad y que se puede conquistar de manera definitiva.

4. **Filosóficos:** son aquellos para los que la felicidad en sí no existe, pero existe una derivación de ella, la tranquilidad o equilibrio.

Dependiendo de la postura que asumamos y de que desarrollemos una actitud más o menos proactiva ante la vida, así será la felicidad. Podríamos conceptualizar que la felicidad es como un estado de satisfacción plena, una definición simple pero que tiene profundas implicaciones desde el punto de vista práctico y el óctuple sendero es parte de ese ejemplo: la felicidad es un estado subjetivo que cada persona experimenta de una manera distinta y a su manera. La felicidad puede estar provocada por diferentes cosas o situaciones, dependiendo del significado que cada persona les confiera a estas. La felicidad puede ser un estado duradero, pero también puede caducar. La felicidad es un estado mental, equilibrado en su raíz: sosiego, transparencia y orden. La felicidad nace, madura y descansa. Pero ten en cuenta que hay un proceso de nueve puntos en la felicidad.

Mujer: Ah, pero ¿hay puntos?

CON: Sí, y son nueve. Te los voy a explicar:

1. Hay que empezar por reconocer nuestros puntos débiles para fortalecernos con comprensión y aceptación; errores del pasado, presente y los que deseamos tener (deseos).
2. Empieza por una renuncia, no una renuncia al valor de las cosas o al placer de las cosas, sino una renuncia a la posesión de las cosas innecesarias.

3. Ordenar tus pensamientos de forma coherente en el aspecto cotidiano, como un orden en tu vida casera (tu día a día).

4. Valorar a las personas más débiles y protegerlas (esto incluye a la naturaleza y, en especial, a los animales).

5. Sé altruista, pero con conocimiento de causa, sin convertirlo en como dice la popular frase: «Por la pena te arruinas la vida». Esto alude a que no siempre puedes ser caritativo o esclavo de la debilidad sensitiva. Este punto es el que se asocia al «síndrome de Noé».

6. Valora a tu pareja como quieres que a ti te valoren y a ti te respeten.

7. Utiliza el humor frente a la locura y la ira; en la medida de lo posible. sonríe siempre.

8. No te quejes ni te infravalores, aunque otros lo hagan hacia ti, pues esa sería la debilidad de ellos. no la tuya.

9. Entiende el sufrimiento como una lección de vida y acepta el óctuple sendero como guía de tu vida cotidiana.

La felicidad no es una meta a conseguir cueste lo que cueste, a cualquier precio, NO, es un camino a recorrer, sobre todo es una actitud positiva que pueda encajar en tu filosofía de vida, pero siempre encontrando el camino del medio y sin hacer alardes de ira, envidia u orgullo, porque lo único que conseguirás así es estar mal físicamente, mentalmente frustrado, desequilibrado moralmente, hundido, violento... Trabajar por ser cada día un poco más equilibrados es sinónimo de ser más felices.

Mujer: En definitiva, que volvemos al punto de partida, el origen del sufrimiento y la abolición de este con el óctuple sendero.

CON: Sí. ¿Te molesta? Ese es el concepto.

Mujer: No, pero me estoy dando cuenta de que todo es una relación en cadena, que esto lleva al karma.

CON: Así es, es un círculo cerrado, solo lo rompes cuando has llegado a comprender que el propio nacimiento es sufrimiento, es más, como te dije, incluso siendo un feto, porque hasta el primer mes no tiene capacidad de consciencia, eres solo como un garbanzo; a los cinco meses, ya en el vientre de tu madre, empiezas a notar su estado de ánimo, si ella está triste, furiosa, nostálgica, alegre, feliz... Tú ya sientes esos sentimientos en tu conciencia.

Mujer: Entonces, ¿para qué vive el hombre? Es mejor no haber nacido.

CON: Eso díselo a tu consciencia. ¿Para qué vives?

Mujer: Si se lo dijera, le diría que todo se reduce a comprender que solo somos un producto del sufrimiento, es un poco mierda.

CON: Bueno, esa es tu actitud, pero piensa que, como cojas esos conceptos de la vida ante los fracasos, así serás tú, mierda.

Mujer: Eso me suena a reproche.

CON: Tal vez, pero en cierta manera forma parte de tus pensamientos y si todos pensamos así, como tú ahora mismo, seríamos zombis de nuestros deseos irracionales y entonces sí que sería un alivio hasta morir sin dignidad, que es otro concepto diferente.

Mujer: Morir sin dignidad... ¿A qué te refieres?

CON: No es morir atiborrado de pastillas para no sufrir dolor, el verdadero sentido de morir después de haber vivido mediocremente feliz, no me refiero a sin dolor, sino sin deudas kármicas, tu vida física, social, economía y hasta religiosa... depende de tu actitud en la vida, eso sí es morir con dignidad, pero morir haciendo daño al prójimo es indignante. Hay una frase que dice:

«Somos todos visitantes de este tiempo,
de este lugar. Estamos solamente de paso,
nuestro objetivo es observar, crecer, amar...
y después, vamos para casa».
Proverbio aborigen australiano

Como verás, alude a la otra vida después de la muerte, y no me refiero al paraíso terrenal de los cristianos o musulmanes. La reencarnación, como ya te expliqué, es ser consecuentes con ello, nuestra otra casa, el universo o a lo sumo la propia naturaleza de morir y renacer, morir y renacer, para aprender, amar y seguir aprendiendo. Lo esencial en sí no es la muerte, sino cómo se muere, al igual que es importantísimo cómo se vive. Está muy extendida la opinión según la cual nacer y morir son dos estados tan diferentes que incluso se enfrentan; sin embargo, las semejanzas existentes entre los dos procesos que conducen al nuevo ser, hacia el nacimiento y los procesos terminales que le llevan hacia le muerte, son tan singulares que permiten delinear sin aparatosas estridencias un curioso paralelismo entre ambos extremos. Una de las preguntas que la humanidad se ha estado repitiendo una y otra vez es: ¿hay vida después de la muerte?

Mujer: Y como me has dicho, no y sí.

CON: Exactamente. Como sabes, al inventar a dioses y diosas, tu yo interno necesita algo más en que creer: pruebas científicamente irrefutables de que, en efecto, la vida no es más que el principio. Mientras tanto, solo podemos hacer más que sacar conclusiones con el conocimiento que hemos tenido hasta ahora.

Mujer: Pero, realmente, ¿qué es la muerte?

CON: La muerte es la separación del alma del cuerpo físico. A la entrada del alma en un cuerpo nuevo se le llama nacimiento. A la marcha del alma del cuerpo se le llama muerte. El cuerpo muere cuando el alma se ausenta. La muerte es una puerta que se abre entre un aspecto de la vida y del más allá. Es el cese de la actividad corporal de las funciones físicas, orgánicas y cerebrales, pero no así la consciencia espiritual, cuando entrar en otro cuerpo se limpia. Solo el espíritu o alma es lo que se queda con nuestros registros carnales, los recuerdos para poder reencarnarse en otro cuerpo, pero con una consciencia indiferente, limpia, virgen. Cuando nuestro espíritu o alma entra en esa vida, lo que queda de ella son recuerdos de su vida anterior, son los pagos de la reencarnación, que algunas veces afloran en la nueva consciencia en forma de recuerdos o sueños; esos recuerdos o sueños son los encargados de darnos un aviso o pistas para no cometer los mismos errores del pasado, de esta manera tenemos la oportunidad no solo de corregir, sino de liberarnos de las deudas kármicas. Eso ya te lo expliqué. Algunas veces son sensaciones o sentimientos, otras veces sientes que ya habías estado en cierto lugar o ya habías tenido esos pensamientos... Son etéreas de la consciencia, o sea, lo que llamáis *déjà vu*. Es un tipo de paramnesia del reconocimiento de alguna experiencia que se siente como si se hubiera vivido previamente. Básicamente, se trata de un suceso que se siente que ya ha sido vivido. Para los psicólogos, este estado es un problema a resolver mediante terapia mental; para el budismo, es un recuerdo de nuestra vida anterior. La muerte es la transmisión de un estado del ser a otro. Un cambio de la forma de la consciencia a un plano astral o mente superior o inferior, eso sí, dependiendo de los errores cometidos, ya que son registros registrados, como un contrato. Por ejemplo: el hielo se convierte en agua al derretirse y este se convierte en vapor al calentarlo y como gas invisible, según su grado de vibración. Igual ocurre con la vida en los planos físico, astral y mental. La muerte es algo natural de la vida al que no hay que tenerle miedo, sino dejar que ocurra, salvo en los conceptos trágicos, pues tememos más al dolor que a la muerte en sí.

Mujer: Y cuando fallece, ¿cómo nos podemos despedir de un ser querido que ha fallecido?

CON: Vamos por partes, duele mucho despedirse de un ser querido, atrevernos a decir adiós a una persona fallecida es como aceptar perder una parte de nosotros mismos, a veces tan cercana como perder una parte de nuestro corazón, por eso entender el sufrimiento es tan importante. La muerte de un familiar duele y nadie desea experimentar ese dolor, pero el sufrimiento sucede todo el tiempo. En muchos casos existe una enfermedad o algún problema que «avisa» de la cercanía de esa despedida, pero frecuentemente también la muerte llega sin avisar y se lleva de nuestro lado lo que más queremos, como en un accidente. Cada vez es más común escuchar que antes de ese momento, o poco tiempo después, la persona fallecida se le presenta en sueños a sus seres queridos y en muchos casos existe una plática que ayuda a las dos partes a cerrar cuentas pendientes, para que la persona que ha fallecido pueda seguir su camino en paz, igual que quienes seguimos teniendo el regalo de la vida.

Mujer: ¿Cómo despedirse de alguien cuando no estás preparado? ¿Cómo despedirse de un ser querido cuando sientes que te quedaba mucho por compartir?

CON: Nunca vamos a estar preparados al 100 %. Siempre va a doler y siempre habrá algo más que podríamos haber hecho. Por eso un cambio de mentalidad es muy importante. Como ya te he explicado, debemos ver a la muerte casi como un amigo, pues hay que pensar en él, y no en nosotros, ya que cuando se vaya, él no va a sufrir más, ni padecer dolor, ni hambre, ni sed, ni necesidades, nada de nada, solo paz y paz, la paz del universo; eso es lo que sentirá el alma, paz, pero su conciencia estará viva y consciente, preparada para aceptar sus reprimendas, para otro cuerpo nuevo, pero ojo, no hay que desear la muerte porque vayamos a solucionar nuestros problemas, como algunos piensan en el suicidio porque no encuentran soluciones o porque estamos en una situación de angustia o peligro; esto se llama remordimientos o tapar problemas más profundos... Al fin y al cabo, por eso funciona la conciencia, para aprender cómo despedirse de un ser querido que ha muerto. Es importante entender qué tipo de relación tenías con esa persona con algunas preguntas como estas:

- ¿Tenías uno o varios asuntos pendientes con mi padre, madre, un hermano o amigo?
- ¿Le debías dinero o algún favor, estaban enojados, etc.?
- ¿Te hirió o te hizo algún mal que todavía no has podido perdonar?
- ¿Dependías tú de esa persona?

En fin, un montón de conceptos para los que no estamos preparados.

Mujer: Entonces, ¿cómo nos preparamos?

CON: Aceptando que se ha ido y comprendiendo que no le debías nada. Eso es un concepto que tú personalmente tenías con esa persona, pero eso son tus arrepentimientos, porque es parte del duelo.

Mujer: ¿Y por qué nos pasa eso?

CON: Porque sois humanos y ese duelo es parte de vuestra propia conciencia, porque duele lo que se ha amado, lo que se odia, lo que hemos conseguido y lo perdemos, como lo que no hemos podido tener, etc. y todo tiene un proceso hasta que lo aceptáis. Es una despedida, a veces forzada y para siempre, lo que llamáis luto. El luto es un proceso extremadamente importante para llenar el «vacío» dejado por cualquier pérdida significativa de alguien «amado». En él, es acompañado por diversos sentimientos, como la tristeza, culpa, ansiedad, soledad, desamparo o choque de todos juntos, entre otros. Los síntomas físicos se reflejan a través del apretón en el pecho, el nudo en la garganta, la falta de aire, la falta de ardor, la pérdida de ganas de comer, adelgazamiento, ojeras y malestar en general, entre otros. Este proceso no tiene tiempo de curación. Hay personas que lo pasan de muy distintas maneras, desde obsesionarse con el trabajo, la bebida, el fumar, las drogas, el sexo, etc. hasta la fuerza más violenta, como matar, ya sea a personas o animales, o maltrato físico a las personas de su entorno, o psicológicamente inestables, etc. De una forma u otra, todos tenemos que pasar por este duelo, pero mucho depende de cómo aceptemos esa pérdida; hay, como he dicho, personas que lo aceptan en días, o en semanas, meses o años, o nunca lo acepta e interiormente lleva un luto interno.

Mujer: Pero ¿qué nos pasa al morir y qué ve una persona antes de morir?

CON: Gran pregunta, porque desde luego, como te he dicho, nadie vuelve de allí, en el mismo cuerpo y conciencia, para explicarlo, y aunque estoy harta de explicarte que tiene que ver mucho con la reencarnación, te explicaré lo que algunas personas después de una aparente muerte, en estado de *shock*, han descrito, algunos como experiencia extracorpórea, otros de pánico y otros encuentran paz... El cerebro tiene una parte negativa y es quizá la que más se ha estudiado, pero aun así no se comprende del todo. Así, las partes del cerebro que almacenan los recuerdos son las últimas afectadas en el proceso de «pasar a mejor vida», mientras que otras funciones fallan y mueren. La idea de que la vida pasa frente a una persona que está a punto de morir ha aparecido en innumerables obras de literatura y cine. Ahora, un nuevo estudio sugiere que realmente tu vida pasa ante tus ojos cuando morimos, pero según los estudios de forma aleatoria.

Mujer: Pero ¿qué pasa realmente al morir y qué hay allí, en el otro lado?

CON: Te voy a contar la experiencia de algunas personas que sintieron o vieron lo que podía ser el término camino entre que se muere un ser humano y hasta que su conciencia decide reencarnase; ya te he dicho que son experiencias de personas que han estado muy cerca de la muerte. Una mujer describió: «Cuando me durmieron para operarme, sentí un pinchazo en el corazón, empecé a subir al techo y vi el quirófano y como los médicos estaban atareados conmigo; vi mi cuerpo, estaba blanco, pálido, de repente vi una luz cálida en el horizonte, sentía que me iba hacia ella porque el calor me atraía y mientras iba hacia ella, no sentía dolor, ni frío, ni hambre, solo paz y más paz, y fue cuando de repente sentí caerme en un pozo negro y desperté en la cama de la habitación rodeada de tubos y volví a sentir dolor». Otra: «Estaba atascada en un túnel al principio, pero luego terminé en las estrellas. Podía ver la galaxia, el cosmos, todo, pero mis ojos estaban cerrados. No podía abrirlos, ni moverme. Pero no tenía miedo, estaba muy tranquila y cómoda, sin ninguna necesidad física: ni sed, ni hambre, ni dolor, no sentía nada, podía ver todo y de todo, y podía sentirlo todo. Es un poco complicado de explicar; también vi a mis seres queridos fallecidos, aleatoriamente, no tenía sentido, pero no podía hablar con ellos, tenía el consuelo de saber que mis seres queridos estaban conmigo, aunque no estuvieran astronómica o físicamente a mi lado. Es muy difícil de explicar». Las ansias de saber de los seres queridos han pasado ya las barreras de entre la vida y la muerte y los lleva a verlos como reales, que incluso les hablan. El hecho de ver a sus parientes es quizá un recuerdo de ellos, en su conciencia, de personas que fueron importantes en su vida y que se manifestaron sin más que dar ánimo a esa persona dando paz. Todos queremos saber qué se siente al morir, pero la verdad es que nadie ha venido del otro lado para decirnos qué hay y lo que pasa. Ya te he explicado que la reencarnación es comprobable y lo del karma también; lo que pasa en el momento de la muerte hasta que tu conciencia tiene conciencia para irse a otro cuerpo por su karma es una incógnita, porque solo son anécdotas de gente que en ciertos estados de muerte han experimentado; los datos obtenidos sugieren que la gran mayoría de esas personas suelen experimentar este tipo de adaptación final a la muerte, pero también puede ser provocado por las propias medicinas... Cuando se mira a la muerte, hay estudios que muestran que los moribundos están creciendo, adaptándose y adquiriendo conocimiento hasta sus últimos segundos, hasta en el último momento de su muerte. Esta es una de las paradojas de la muerte: cuando vemos un deterioro físico, pero el paciente puede estar muy vivo, incluso iluminado, emocional y espiritualmente como consciente de su realidad.

Mujer: Vaya discurso emocionante, pero esto solo ocurre cuando uno es consciente de su muerte. ¿Y cuando es por accidente, casual en una guerra o por suicidio?

CON: Casi lo mismo, vemos o sentimos nuestra vida pasar, pero no así los suicidas, que ven o sienten otra forma de ver su realidad, justo un segundo antes de morir; en este caso podríamos aventurarnos a que son remordimientos por lo que estamos haciendo y nos arrepentimos, pero en ese segundo ya es tarde.

Mujer: En cierta forma, no debemos temer a la muerte.

CON: No, y esto del miedo fue un pilar del hombre que ha tenido y tiene siempre a la muerte, para que otros, los vivos, los poderosos, los ricos, os manipulen, lo usaron para el beneficio de ellos, creando las religiones, los mitos, las leyendas, etc.; con ese miedo se crearon también las alucinaciones con ciertas plantas para ver, oír y conocer a vuestro dios, en cualquier religión.

Mujer: Pero tú te has presentado ante mi como Dios.

CON: NO, tú lo has creído así, yo soy lo que tú crees que soy, pero soy una conciencia abierta a tu imaginación.

Mujer: Pero yo te estoy viendo, hasta siento tu presencia, entonces, ¿de dónde vienes realmente?

CON: Ya te lo dije en su momento al principio de la conversación, soy una conciencia real que está dentro de cada vida, soy un 25 % de pura química, un 25 % de pura matemática, un 25 % de azar y un 25 % de libre albedrío, soy puro sentimiento, puro pensamiento, soy pura alma, soy la energía más pura que mueve el universo, yo soy tú y tú eres yo, soy toda energía en el universo, que ya conoces, porque esa energía está en tu conciencia, por cierto, tú ya no tienes tiempo conmigo, pues hemos terminado por el momento.

Mujer: Como ya está explicado todo, ya hemos terminado.

CON: No, aún no hemos terminado, las respuestas no acaban más que empezar, pero tienes obligaciones y tu tiempo por hoy ha terminado.

Mujer: O sea, que te vas, pero volverás, porque aún tengo muchas preguntas que hacerte, como qué es un libre pensador o por qué nos pasan cosas malas a las mujeres, aunque me has explicado algo, pero quiero saber más, o cuándo es el fin del mundo, y algo que has mencionado, etc., etc. Todo eso y muchas más preguntas tengo, no me puedes dejar con la miel en los labios.

CON: Calma, todo te lo explicaré, pero a su tiempo; yo volveré para que sigamos con nuestra conversación, pero ahora no.

Mujer: ¿Cuándo?

CON: Cuando hayas asumido todo lo que te expliqué, cuando aprendas que todo en la vida es sufrimiento y la vida sencilla está en tener lo suficiente, en erradicar el deseo, en ser honesto y respetuoso con uno mismo; antes de ayudar a los demás, ayúdate a ti. Por lo tanto, hasta luego.

Mujer: De acuerdo, estoy a la espera, pero ¿cómo te puedo llamar?

La mujer, mientras hacia esa pregunta, estaba mirando el horizonte; de repente se dio la vuelta y ya no estaba.

Mujer: Bueno, supongo que vendrá cuando menos me lo espere, pero espero esta vez estar preparada; de lo que me ha explicado tiene mucha razón, pero tengo que analizarlo mucho y sobre todo aceptarlo.

«Siempre hablamos solos para no sentirnos solos, aun estando rodeados de muchedumbre, estamos solos».

ÍNDICE

europa ediciones